AF564880

सच कीजिए सपने

Make Your Dreams Come True

Personality Development
व Self Help की लोकप्रिय पुस्तकें

सच कीजिए सपने

Make Your Dreams Come True

सपनों को हकीकत में बदलने के **Golden Rules**

प्रो. पी.के. आर्य

प्रकाशक • **प्रभात प्रकाशन प्रा. लि.**
4/19 आसफ अली रोड,
नई दिल्ली–110002

संस्करण • 2023
मूल्य • दो सौ रुपए
मुद्रक • नरुला प्रिंटर्स, दिल्ली

SACH KEEJIYE SAPNE (Make Your Dreams Come True)
by Prof. P.K. Arya
Published by Prabhat Prakashan Pvt. Ltd.,
4/19 Asaf Ali Road, New Delhi-2
e-mail: prabhatbooks@gmail.com
ISBN 978-93-5048-441-8 ₹ 200.00

सपने अवश्य सच होते हैं

यदि आप विश्वास रखते हैं तो निश्चित ही एक दिन सबकुछ पा लेते हैं।

यह महज एक कल्पना लगती है न! चौंकिए मत! जी हाँ, सपने जो आपने जागते हुए देखे हैं, अवश्य सच होते हैं। बस जरूरत है आपकी दूरदृष्टि की एवं आत्मविश्वास की। कभी आपने सोचा है कि आप अपनी जिंदगी में क्या करना चाहते हैं, क्या बनना चाहते हैं, क्या पाना चाहते हैं और कब तक यह कुछ संभव है? एक कामयाब व्यक्ति व एक नाकामयाब व्यक्ति में आपको पता है कि फर्क क्या है? सिर्फ सोच व दूरदृष्टि का। कामयाब व्यक्ति अपनी जिंदगी में घटित होनेवाली तमाम गतिविधियों का पूर्वावलोकन कर उसकी कार्ययोजना बना लेते हैं तथा पूर्ण आत्मविश्वास के साथ उसको समयानुसार पूरा करके अपने तमाम सपनों को

सच कर लेते हैं जबकि नाकामयाब व्यक्ति दूरदर्शिता के अभाव में अपने भाग्य को कोसते हुए अपनी तमाम जिंदगी रोते-पीटते हुए काटते हैं।

आप अपने बारे में क्या सोचते हैं? क्या आप एक कामयाब व्यक्ति बनना चाहेंगे? क्या आप चाहेंगे कि आपके तमाम सपने पूरे हों? इसके लिए आपको इस पुस्तक के अगले अध्यायों में बताई गई बातों को अपने जीवन में उतारना होगा। मुझे पूर्ण विश्वास है कि आप यदि ऐसा करेंगे तो अपनी जिंदगी में और बेहतर तरीके से जी सकेंगे।

—लेखक

विषय-सूची

सपने सच करने के 8 गुरुमंत्र

आपके सपने
आपकी महानता का
सूचकांक हैं।

—जडोक रॉबिनविज

1

सपने : जिंदगी की सार्थकता

सपने हमारे भाग्य का नेतृत्व करते हैं।

—Anne Harvelny

क्या कभी आपने कल्पना की है कि यदि सपने हमारी जिंदगी में नहीं होते, तो हमारी जिंदगी कैसी होती? जी हाँ, बिल्कुल वैसी ही जैसे किसी चित्रकार के चित्र में रंगों का अभाव हो, जल बिन मछली।

सार यह है कि एक निर्जीव, विरहपूर्ण सी जिंदगी! क्या आपने ऐसी जिंदगी की कल्पना या चाहना की है? नहीं ना।··· क्यों? क्योंकि हर आदमी चाहता है कि उसका भरा-पूरा परिवार हो, सब खुशी-खुशी अपनी जिंदगी जीएँ।

सभी प्रकार की सुख-सुविधाएँ हों। बच्चों को अच्छी-से-अच्छी शिक्षा मिले। सब सुविधाओं से परिपूर्ण घर हो, मनचाहा वाहन हो, परिवार के लोगों के साथ छुट्टियों में मनपसंद जगह जाकर मनोरंजन, घूमना-फिरना हो, समाज में मान-प्रतिष्ठा हो, इत्यादि-इत्यादि।

यही सब तो प्रत्येक व्यक्ति अपने जीवन में चाहता है और इसी को पाने के लिए पूरे जीवन संघर्ष करता है, इसीलिए तो कहा गया है कि सपने प्रत्येक व्यक्ति की जिंदगी का अभिन्न अंग हैं। जिंदा रहने के लिए जैसे हमें स्वच्छ हवा की हर पल आवश्यकता रहती है, उसी प्रकार जिंदगी जीने के लिए सपनों की आवश्यकता होती है। किसी ने सच ही कहा है—

'A man without dream is no more
and A man with dream will never denied.'

अर्थात् सपने जिंदगी का वो अहम पहलू हैं, जिनके अभाव में जिंदगी गतिशील नहीं रहती। जिंदगी जीने का कोई अभिप्राय नहीं होता।

गगनचुंबी अट्टालिकाओं में विभ्रांत मांधाता स्वर्ग के पारिजात वन में पहुँचे। वहाँ कल्पवृक्ष के नीचे जाते ही उनकी कामनाएँ चंचल हो उठीं कि 'यदि यहाँ मेरा विशाल भवन होता!'

तत्काल ही वहाँ एक सर्वसुख पूरित शयनागार निर्मित

हो गया। कामना तरंग और आगे बढ़ी—'यदि यहाँ पीने को कदंब और अप्सराएँ भी होतीं?' निमित्त मात्र में यह भी सुलभ हो गया। कुछ देर सुख भोगने के पश्चात् एक और हिलोर उठी—'कहीं इंद्र को पता चल गया और उसने स्वर्ग से निकाल दिया तो?' दूसरे ही क्षण मांधाता शत्-शत् टुकड़ों में धरती पर पड़े थे। वास्तव में यह जीव ही मांधाता है और जगत् ही कल्पवृक्ष। यहाँ जो जैसा संकल्प करता है, वैसी ही सिद्धि पाता है।

जो व्यक्ति पूर्ण पवित्रता से यह संकल्प करता है कि मैं विश्व की समस्त महान् विद्याओं को प्राप्त करने का पात्र हूँ सभी समृद्धियों को प्राप्त करना मेरा अधिकार है और इस प्रकार निरंतर यह घोषित करता रहे कि मेरा जीवन-लक्ष्य महान् है, जो मेरे आचार-व्यवहार और आवृत्तियों से प्रकट होता है, वह निश्चित ही अपने संकल्पों को पूर्ण करता है।

जो व्यक्ति यह सोचता है कि समस्त कार्य-शक्ति पर उसका पूर्ण अधिकार है, आरोग्यता उसकी सहज संपत्ति है तथा अविवेक और असंतुलन से उसका घोर विरोध है तो निश्चित ही उस व्यक्ति की शक्ति और सामर्थ्य में वृद्धि होती है।

मैं अपने मन को इतना क्रियाशील, इतना उत्साही और प्रबल बना सकता हूँ कि वस्तुओं को नष्ट करने की अपेक्षा मैं उन्हें एकदम नया रूप दे सकता हूँ, विध्वंस के स्थान पर

निर्माण कर सकता हूँ तथा दुर्लभ वस्तु व पद को प्राप्त कर सकता हूँ, जिसके लिए मैं अभिलाषा करता आ रहा हूँ।

हमारे रचनात्मक होने का एक ही अर्थ है—पूर्ण आरोग्य तथा पूर्ण संपन्नता। हमें इसी लक्ष्य के योग्य बनाया गया है कि अपनी प्रतिभा से हम नित नई-नई वस्तुओं एवं विचारों का उत्पादन करें। निषेधात्मक या विनाशात्मक चिंतन का अर्थ है—अस्वस्थता, दरिद्रता और विचार शून्यता।

रचनात्मक विचारधारा एक तरह से हमारी संरक्षक होती है। वह अविवेक एवं असंतुलन से हमारी रक्षा करती है। जीवन के विविध उद्‌देश्यों में जो लोग असफल रहे हैं, उनमें उन्हीं लोगों की अधिकता है, जिनका मन नकारात्मक भावों से भरा है। स्पष्ट है कि विजयी व्यक्तियों में वही लोग हैं, जो रचनात्मक और सकारात्मक शक्तियों से ओत-प्रोत हैं। उल्लास, उत्साह, कर्मठता, परिश्रम तथा साहस से युक्त मानसिक प्रवृत्तियाँ मनुष्य की सर्वाधिक सुरक्षापूर्ण उपलब्धियाँ हैं।

जब हमें 'नहीं' के साथ अपनी दृढ़तापूर्वक असहमति व्यक्त करनी चाहिए, तब यदि हम 'हाँ' कहते हैं, तो यह भी हमारा दोषपूर्ण चिंतन है। इस प्रकार जब हमारा चिंतन अविवेकपूर्ण एवं असंतुलित होता है, तब हम प्रायः गलत निर्णय ले बैठते हैं।

सकारात्मक मन से किए गए विचार भी शुभ संकल्पों

की श्रेणी में आते हैं, जो हमारे सपनों को हकीकत में बदलने में सहायक सिद्ध होते हैं। हम अपनी आवश्यकता के अनुसार भी शुभ संकल्पों का निर्माण कर सकते हैं। बहुत से विख्यात वैदिक मंत्र भी शुभ संकल्पों के ही अंतर्गत आते हैं। उदाहरणार्थ—गायत्री मंत्र, प्रातःकालीन मंत्र, सायंकालीन मंत्र तथा अन्य कल्याणकारी वेद मंत्र।

इन मंत्रों के निरंतर उच्चारण से हमारे व्यक्तित्व के इर्द-गिर्द एक दिव्य आभामंडल निर्मित होने लगता है। हम दिव्य व्यक्तित्व के साथ जब कहीं भी और कभी भी किसी कार्य के लिए उपस्थित होते हैं तो हमारे व्यक्तित्व के प्रभाव से भी बहुत से काम स्वतः ही बनते चले जाते हैं। कहा भी गया है कि दिन के चौबीस घंटों में एक समय ऐसा आता है, जब हम जो भी विचार करते हैं, वह सत्य हो जाता है। अतः हमें सदैव पवित्र एवं शुभ संकल्पों से ओत-प्रोत रहना चाहिए।

दैनिक जीवन में उपयोगी कुछ अत्यंत प्रामाणिक वेद मंत्र यहाँ दिए जा रहे हैं, जिनके निरंतर उच्चारण से निश्चित ही आपके जीवन में सत्यता, श्रेष्ठता का संचार होगा। फलस्वरूप आपकी वे तमाम आशाएँ, अपेक्षाएँ सत्य में परिवर्तित होती प्रतीत होंगी, जिन्हें आप कल तक सिर्फ स्वप्न समझते थे।

गायत्री महामंत्र—

ओ३म् भूर्भुवः स्वः तत्सवितुर्वरेण्यं भर्गो देवस्य धीमहि।
धियो यो नः प्रचोदयात्॥ (यजुर्वेद, 36/3)

भावार्थ—हे विश्व को बनानेवाले, वरण योग्य, पाप को समाप्त करनेवाले ईश्वर! हम आपके दिव्य गुणों का ध्यान करते हैं, आप कृपा कर हमारी बुद्धियों को अच्छे कर्मों में प्रेरित करें।

मनुष्य के कल्याण हेतु अन्य अत्यंत प्रभावकारी मंत्र—

सविता नो रास्तां दीर्घमायुः। (ऋग्वेद, 10/26/14)
हे प्रभु! हमें दीर्घायु प्रदान करो।

अस्मभ्यमिन्द्र वरिवः सुगंकृधि। (ऋग्वेद, 1/102/4)
हे प्रभु! हमारे लिए रोजगार के साधन सुलभ कर।

वयं जयेम त्वया युजा। (ऋग्वेद, 1/102/4)
हे प्रभु! आपकी कृपा से हम विजयी हों।

सर्वा दिशां मम मित्रं भवन्तु। (अथर्ववेद, 19/15/6)
समस्त दिशाओं में हमारे मित्र हों।

वृहद्वदेम विदथे सुवीराः। (ऋग्वेद, 2-43-3)
हर वीर हों और वीर पुत्रों से युक्त हों।

तेजोअसि तेजोमयि धेहि। (यजुर्वेद, 19-9)
हे प्रभु! तू तेजस्वी है, मुझमें तेज का आधान कर।

मृडा सुक्षत्र मृडय। (ऋग्वेद, 7-89-1)
हे प्रभु! हमें संपूर्ण आनंद प्रदान करो।

वीर्यमसि वीर्यं मयि धेहि। (यजुर्वेद, 19-9)
हे प्रभु! तू वीर्यवान है, मुझमें वीर्य का आधान कर।

बलमसि बलं मयि धेहि। (यजुर्वेद, 19-9)
हे प्रभु! तू बलवान है, मुझमें बल का संचार कर।

ओजो स्योजो मयि धेहि। (यजुर्वेद, 19-9)
हे प्रभु! तू ओजस्वी है, मुझमें ओज का आधान कर।

वयं स्याम पतयो रयिणाम्। (ऋग्वेद, 10-121-10)
हम धन-संपदा के स्वामी बनें।

त्वामभि प्रणोनुमः। (ऋग्वेद, 9-11-2)

आपको हमारा बारंबार नमस्कार।

सहोसि सहो मयि धेहि। (यजुर्वेद, 19-9)

हे प्रभु! तू सहनशील है, मुझमें सहनशीलता का आधान कर।

मन्युरसि मन्युं मयि धेहि। (यजुर्वेद, 19-9)

हे प्रभु! तू उत्साही है, मुझमें उत्साह का संचार कर।

□

जिसका कोई
सपना नहीं, वह दुनिया
का सबसे दरिद्र
आदमी है।

—माइल्य मुनरोए

2

सपने : एक ज्वलंत इच्छा या जीवन का उद्देश्य

जब आप अपने जीवन के उद्देश्यों को पूर्ण करते हैं, तब आप अपनी आकांक्षाओं की पूर्ति करते हैं।

—अज्ञात

किसी ने सच ही कहा है कि सपने हमारी जिंदगी के रंग हैं, जिनके बिना जिंदगी निश्चित ही बेरंग या बदरंग होती है। सपनों को हम दो भागों में बाँट सकते हैं, एक काल्पनिक एवं दूसरे यथार्थ से जुड़े हुए, जिसका संबंध कहीं-न-कहीं हमारी जिंदगी से होता है।

सपनों की शुरुआत होती है, एक ख्वाहिश, एक इच्छा से, जैसे भूख लगने पर रोटी खाने की इच्छा, चिलचिलाती धूप में पैदल चलते समय किसी छायादार वृक्ष की इच्छा, प्यास लगने पर किसी पेय पदार्थ की इच्छा। मतलब हर गतिविधि किसी-न-किसी इच्छा का ही परिणाम है। इच्छा किसी चीज को पाने की जितनी तीव्र होगी, उतना ही उस चीज या वस्तु का पाना सार्थक होगा। लेकिन कल्पना (Imagination) को इच्छा (Desire) से अलग नहीं किया जा सकता है। दोनों का चोली दामन का साथ है।

जब हमारे मन में किसी चीज को पाने की या कुछ कर गुजरने की इच्छा उत्पन्न होती है तब हमारा मन कल्पना करने लगता है कि वे चीजें कैसी होंगी? या वह कार्य जिसको हम करना चाह रहे हैं, वह पूरा होने पर कैसा होगा? उसका परिणाम क्या होगा? अर्थात कल्पना से ही हम उस इच्छा को ज्वलंत के रूप में परिवर्तित कर सकते हैं। जब तक कोई भी इच्छा ज्वलंत इच्छा में परिवर्तित नहीं होती तब तक उसका पूर्ण होना संभव नहीं होता। इसीलिए सपने जब तक ज्वलंत इच्छा के रूप में परिवर्तित नहीं होते तब तक वे महज एक कोरी कल्पना ही रहते हैं और ऐसी कल्पना से कभी भी सफलता नहीं मिलती। इसलिए सफलता पाने के लिए ज्वलंत इच्छा का होना नितांत आवश्यक है। सफलता

के सूत्र को सफल व्यक्तियों द्वारा इस रूप में परिभाषित किया गया है।

- ज्वलंत इच्छा (Burning Desire)
- निश्चित उद्देश्य (Definite Purpose)
- उपयुक्त क्रियान्वन (Appropriate Action).
- प्राप्ति (Fulfilment of object)

सपने : जीवन का उद्देश्य

हम सब लोगों का जीवन जन्म से लेकर मृत्यु तक पड़ावों में विभाजित है; बाल्यावस्था, गृहावस्था एवं वृद्धावस्था। जिंदगी की हर अवस्था में हम लोगों की जरूरतें अलग-अलग होती हैं। लेकिन यह सच है कि हमारे सपने जिंदगी के किसी उद्देश्य की पूर्ति हेतु होते हैं। बाल्यावस्था में जो भी सपने हम लोग देखते हैं उसमें काल्पनिकता ज्यादा होती है, क्योंकि हम लोग यथार्थ से कोसों दूर होते हैं। पर वह कल्पना यदि जिंदगी के किसी उद्देश्य की पूर्ति से संबंध रखती है तो निश्चित रूप से उसको पूर्ण करने की बाल्यमन में एक तीव्र इच्छा उत्पन्न होती है और एक उद्देश्य कायम हो जाता है, जिसको पूर्ण करने का प्रयास होता है और अंततः उस उद्देश्य को पूर्ण करने में सफलता प्राप्त होती है।

मसलन जैसे जिंदगी में कैरियर के रूप में इंजीनियर,

डॉक्टर, अभिनेता, नेता, खिलाड़ी, सफल उद्योगपति, सी.ए. अथवा कुछ भी अन्य बनने की तीव्र ख्वाहिश, जो बाल्यकाल में ही उत्पन्न होती है, जिंदगी का एक ऐसा महत्त्वपूर्ण उद्देश्य होता है, जिसको पाना ही प्रत्येक विद्यार्थी का सपना होता है। वह उसी के अनुसार शिक्षा ग्रहण करता है तथा अपना कैरियर बनाता है। परंतु देखने में यह आता है कि युवावस्था में आते-आते बाल्यावस्था में देखे गए सपने जिंदगी के उद्देश्य या प्राथमिकता बदलने से कल्पना ही रह जाते हैं।

यदि बाल्यावस्था में ही जो उद्देश्य कायम हुआ, उसको प्रथम प्राथमिकता पर रखा जाए तो उसका पूर्ण होना 100 प्रतिशत निश्चित है। अब सवाल यह उठता है कि युवावस्था में देखे गए सपने, जिनका संबंध जिंदगी की तमाम उन घटनाओं से होता है, जिनका घटित होना लगभग निश्चित है; जैसे मनपसंद जीवन साथी की तलाश व चयन, मनपसंद कैरियर, मनपसंद दुकान-मकान, मनपसंद जगह घूमना-फिरना, बच्चों की पढ़ाई, सुख-सुविधाओं से पूर्ण भरा-पूरा परिवार, मनपसंद गाड़ी इत्यादि।

इन तमाम चीजों की कल्पना प्रत्येक व्यक्ति करता है और इनको पाने के लिए जीवन भर संघर्ष करता रहता है, परंतु वास्तविकता यह है कि सिर्फ पाँच प्रतिशत व्यक्ति ही अपनी जिंदगी को बेहतर तरीके से जी रहे होते हैं। क्योंकि

इन्होंने अपनी जिंदगी के तमाम उद्देश्यों का पूर्वावलोकन कर उसके क्रियान्वयन की बेहतरीन रूपरेखा बनाई एवं पूर्ण किया।

बाकी 95 प्रतिशत लोग एक संघर्षशील जीवन जीते हैं, क्योंकि उनके जीवन के तमाम सपने उद्देश्य से परिपूर्ण तो होते हैं; परंतु उनका पूर्वावलोकन करना एवं यथोचित समयानुसार कदम न उठा पाने की अथवा पूर्ण करने की ज्वलंत इच्छा का अभाव ही सदैव उन्हें एक ऐसी मानसिकता के साथ जीने देता है, जहाँ वे अपनी जिंदगी तो जी रहे होते हैं, पर एक असंतुष्टता का अहसास सदैव बना रहता है। संघर्षशील रहते हुए भी जिंदगी बिना उद्देश्य से जीते हैं।

क्या आप भी ऐसे लोगों की श्रेणी में रहना चाहेंगे? या उन सफल व्यक्तियों की श्रेणी में, जो जिंदगी की तमाम खुशियाँ भोग रहे होते हैं, सिर्फ अपने तमाम सपनों को साकार करने के कारण।

सोचिए! आप क्या चाहते हैं?

जीवन में वही लोग सच से नजरें मिला सकते हैं, जिन्होंने उसके लिए सपने देखे हों। सपने देखनेवाले लोग ही उनको हकीकत में बदलने की इच्छा रखते हैं। राइट ब्रदर्स ने सबसे पहले यदि उड़ती हुई चिड़िया को देखकर मनुष्य के हवा में उड़ने की कल्पना न की होती तो आज हवाई जहाज का आविष्कार न हुआ होता। जिन लोगों ने भी जीवन

में प्रगति व विकास के उच्चतम आयामों को स्पर्श किया है, उन सभी ने सबसे पहले अपने लक्ष्यों के बारे में सपने ही सँजोए थे।

हम अपने जीवन की दैनिक जरूरतों को पूरा करने, अपने खर्चों का बंदोबस्त करने तथा घर-परिवार का पालन-पोषण करने में ही जीवन गँवा देते हैं। हम अपने बने-बनाए ढर्रे तथा घिसे-पिंटे जीवन को पानी देते रहने में ही अपने कर्तव्यों की इतिश्री समझ लेते हैं। हम अपने उन सपनों को साकार करने के बारे में कभी सोच ही नहीं पाते, जिन्हें हमने अपने हृदय के किसी कोने में सँजो रखा है।

जमीन से आसमान तक की विकास यात्रा तय करके भारत के राष्ट्रपति पद तक पहुँचनेवाले डॉ. ए.पी.जे. अब्दुल कलाम का सूत्र भी यही है कि 'आपका लक्ष्य कभी छोटा नहीं होना चाहिए।'

अगर इच्छाशक्ति मजबूत हो तथा सपने देखने का हुनर हो तो मंजिलें खुद-ब-खुद रास्ता दे देती हैं।

भारत के प्रमुख उद्योगपति धीरूभाई अंबानी भी इसकी एक मिसाल थे। उन्होंने हर संभव कार्य को चुनौती के रूप में स्वीकार किया तथा सफलता के उस शिखर को छुआ, जिसके बारे में कोई सोच भी नहीं सकता। धीरूभाई अंबानी दुकानदारों तथा व्यापारियों की खाता-बही ठीक करके जैसे-

तैसे मिडिल तक की पढ़ाई पूरी कर सके। कभी सड़क के किनारे फल बेचकर तो कभी काउंटर ब्वॉय की नौकरी करके, तो कभी पेट्रोल पंप पर गाड़ियों में पेट्रोल भरकर अपनी जीविका चलानेवाले एक साधारण नौजवान के हाथों में एक दिन देश के सबसे बड़े उद्योग समूह की बागडोर हो सकती है, ये कोई सोच भी नहीं सकता था, लेकिन इसे सच करने का सपना धीरूभाई अंबानी ने अवश्य देखा था।

अनपढ़ माँ और आठ रुपए माहवार तनख्वाह पर मास्टरी करके मुश्किल से परिवार को पालने वाले पिता की संतान धीरूभाई अंबानी ने इसे सच कर दिखाया। उन्होंने न सिर्फ अपने सपने साकार किए, बल्कि शेयर बाजार को आम निवेशकों तक ले आए और अपनी सफलता से जुड़े लाखों लोगों को लाभ पहुँचाया। उन्होंने सफलता अर्जित करने का जो नुस्खा ईजाद किया, उसमें सबको भागीदार बनाया। उनके इस नुस्खे से तमाम नए और उन्हीं की तरह के पहली पीढ़ी के अन्य महत्त्वाकांक्षी उद्योगपति तो अरबपति बने ही, उनकी कंपनी से जुड़े लाखों निवेशक उद्योगों के बेताज बादशाह बनते चले गए। अपनी मृत्यु के समय वे अपने पीछे लगभग पचहत्तर हजार करोड़ रुपए की संपत्ति छोड़ गए।

अतः जिन लोगों में सपने देखने की ताकत हो, उन्हें ईश्वर सपने सच होने के बाद मिलनेवाली कामयाबी को

पचाने का हौसला भी देता है।

भारत के सबसे बड़े सूबे उत्तर प्रदेश की कई बार मुख्यमंत्री बननेवाली सुश्री मायावती आज भारतीय महिला राजनीति जगत् की उन चंद हस्तियों में से एक हैं, जिन्होंने उपेक्षित व कुंठायुक्त पारिवारिक परिवेश से उभरकर अपने जीवन के सफलतम अध्यायों का सृजन किया।

गाजियाबाद जिले के छोटे से गाँव बादलपुर में जनमी अभावग्रस्त दलित परिवार की लड़की विपरीत सामाजिक-आर्थिक माहौल में पली-बढ़ी। दिल्ली में आयोजित एक सम्मेलन में इनकी भेंट काशीराम से हुई। मायावती ने काशीराम से कहा कि "मैं आई.ए.एस. बनना चाहती हूँ।" कांशीराम का जवाब था—"तुम्हारे अंदर वो क्षमता है कि आई.ए.एस. तुम्हारे आगे-पीछे घूमा करेंगे।" उनका कहा सच हुआ और आज भारतीय राजनीति के क्षितिज पर सुश्री मायावती एक महत्त्वपूर्ण हस्ताक्षर हैं।

जीवन में वही लोग बड़े काम कर सकते हैं, जो छोटे कामों को करने के लिए आतुर रहते हैं। जिंदगी के एक-एक क्षण का संपूर्ण उपयोग कीजिए। जीवन का एक-एक पल बेशकीमती है। हम प्रत्येक पल मृत्यु की तरफ बढ़ते जाते हैं। फिर खाली व बेकारी के साथ जीना, जीते जी मरने से अधिक नहीं है। मैं एक ऐसे आदमी को जानता

हूँ जो दसवीं कक्षा की परीक्षा देने के बाद अचानक अपनी आँखों की रोशनी खो बैठा व गहरी निराशा में डूब गया। यहाँ तक कि उसे अपने परिवार के लोगों तक से मिलना अच्छा नहीं लगता था।

इसी बीच उसकी भेंट एक और चक्षुहीन व्यक्ति से हुई, जिन्होंने उससे कहा कि नए सिरे से जिंदगी की शुरुआत करो। सबसे पहले तुम यह सीखो कि खुद अपनी जुराबें कैसे धोते हैं?

मैं मेरठ के एक ऐसे व्यक्ति को भी जानता हूँ जो चक्षुहीन हैं, लेकिन उनके ज्ञान व विद्वत्ता का सानी कोई नहीं है। श्री जगदीश लूथरा नामक ये व्यक्ति वैसे तो चक्षुहीन हैं, लेकिन उन्होंने बहुत से लोगों के जीवन में ज्ञान का प्रकाश भरा है, वे पूरे समाज को आलोकित कर रहे हैं। उनके संस्थान 'रोज मेरी' से सन् 1975 से लेकर अब तक पचीस हजार से भी अधिक छात्र-छात्राएँ शिक्षा प्राप्त कर चुके हैं। उन छात्र-छात्राओं में से अनेक शीर्षस्थ पदों पर काम कर रहे हैं।

जो लोग परिस्थितियों व मजबूरियों का रोना रोते रहते हैं, वास्तव में वे काम करना ही नहीं चाहते हैं। □

जिसका कोई सपना नहीं, वह दुनिया का सबसे दरिद्र आदमी है।

—माइल्य मुनरोए

3

सपने : एक रचनात्मक सोच

स्वप्न नीच व्यक्तियों में द्वेष और महान् व्यक्तियों में स्पर्द्धा पैदा करते हैं।

—फिल्डिंग

'सपने एक रचनात्मक सोच हैं' यह कहना अतिशयोक्ति नहीं है। रचनात्मक सोच (Creative Thinking) के बारे में अधिकतर लोगों का मानना है कि बिजली या पोलियो के टीके की खोज, किसी उपन्यास का लिखना या रंगीन टेलीविजन का विकास रचनात्मक सोच का ही परिणाम हैं। उनका यह मानना बिलकुल सही है, परंतु यह भी सही है कि रचनात्मक सोच सिर्फ किसी भी वस्तु का निर्माण करना

नहीं है। न ही यह सिर्फ बुद्धिमान लोगों तक ही सीमित है, अपितु यह तो प्रत्येक व्यक्ति एवं प्रत्येक वस्तु से जुड़ी है।

अब सवाल उठता है कि रचनात्मक सोच (Creative Thinking) आखिर क्या है?

एक कम आयवाला परिवार यदि कुछ इस तरह का प्लान बनाता है, जिससे कि वह अपने बच्चों को सर्वोत्तम यूनिवर्सिटी में पढ़ने भेज सके, तो यह एक रचनात्मक सोच है।

हरेक व्यक्ति का सपना होता है कि वह जिंदगी में कुछ ऐसा कर जाए, जिससे कि लोग उसे हमेशा याद रखें और इसी के फलस्वरूप यदि वह सड़क किनारे किसी बदसूरत, अनचाहे स्थान को खूबसूरत पारिवारिक पिकनिक स्थल में बदल दें, यह एक रचनात्मक सोच का परिणाम है। रचनात्मक सोच का अभिप्राय जो हम करते हैं, उसे और भी उच्च स्तर पर जाकर करना है। रचनात्मकता का आकलन बनाई गई कृति की गुणवत्ता से किया जा सकता है।

प्रत्येक कार्यरत व्यक्ति का सपना होता है कि वह अपने परिवार के साथ ज्यादा-से-ज्यादा साप्ताहिक छुट्टी वाली शाम बिताए। दरअसल जब हम मानसिक तल पर कई भागों में बँट जाते हैं, तब स्वाभाविक रूप से हमारी शक्ति भी विभिन्न दिशाओं में विकेंद्रित हो जाती है। इसका परिणाम यह होता है कि कई दिशाओं में शक्ति बँट जाने से उसके

परिणाम भी बँटे हुए रूप में मिलते हैं। इसलिए जिस भी कार्य को हम करें, उसमें अपनी शत-प्रतिशत शक्ति का इस्तेमाल करने का हुनर विकसित करना चाहिए। यह रचनात्मकता की तरफ आपकी ओर से बढ़ाया गया पहला कदम होगा।

अपनी शक्ति को एक ही दिशा में केंद्रित करके अपनी पूरी प्रतिभा के साथ जब व्यक्ति किसी कार्य को करता है तो निश्चित ही उसके परिणाम अचरज भरे होते हैं। हमारे देश में ऐसे लोगों की अनेक मिसालें हैं, जिन्होंने कम योग्यता और प्रतिभा होते हुए भी अपनी संपूर्ण शक्ति को एक ही बिंदु पर केंद्रित करके अभूतपूर्व उपलिब्धयों को जन्म दिया। ऐसे भी अनेक लोग हैं, जिन लोगों ने अपने जीवन में कभी स्कूल का मुँह तक नहीं देखा, उन लोगों पर आज सभ्य व शिक्षित समाज के लोग शोध करने में जुटे हैं।

कबीरदास ने लिखा है—'मसि कागद छुओ नहीं।' इसी प्रकार सूरदास भी तालाब के किनारे बैठकर ऐसे अद्वितीय ग्रंथों की रचना कर गए, जिनकी बराबरी कर पाना आज भी असंभव है। आप जानते हैं कि यह सब कैसे संभव हुआ? यह उच्च स्तरीय रचनात्मक सोच का प्रतिफल है। यह सोच का वह स्तर है, जो किसी भी साधारण कार्य को असाधारण की श्रेणी में ला खड़ा करता है।

जिन इच्छाओं को हम पूरी होते देखना चाहते हैं, उनके लिए हमें सौ प्रतिशत क्षमताओं के उपयोग का कमाल अपने व्यक्तित्व में पैदा करना चाहिए। तब कोई ऐसा कारण नहीं कि जो आपने सोचा हो, वह पूरा न हो। देर-सवेर आप अपने सपनों को सच कर ही ले जाएँगे।

मतलब यह है कि रचनात्मक सोच किसी भी कार्य को करने का नया सुधारात्मक तरीका खोजना है। सभी प्रकार की सफलताओं का परिणाम चाहे वह घर पर हों या कार्यक्षेत्र में या समाज में वे सिर्फ इस बात पर निर्भर करती हैं कि कार्य को किस तरह से बेहतर किया जाए? और यह सबकुछ संभव तभी होगा, जब आप अपनी रचनात्मक सोच की क्षमता में सुधार करेंगे एवं मजबूती लाएँगे।

इसके लिए हमें इन तमाम बातों पर ध्यान देना होगा। इनको अपनी जिंदगी में, व्यवहार में अपनाना होगा, तभी आप अपने तमाम सपनों को साकार कर सकेंगे।

- सर्वप्रथम आपको अपने ऊपर विश्वास कायम करना होगा। आपको यह मानना होगा कि प्रत्येक कार्य किया जा सकता है। कुछ भी किया जा सकता है। सबकुछ संभव है। जब आप यह विश्वास कर लेंगे कि हर समस्या का समाधान संभव है, तो आपका दिमाग समाधान खोजने में लग जाता है और आप

समाधान पा लेते हैं।

- आपको अपनी सोच व बोलचाल शब्दकोष में से 'असंभव', 'नहीं कार्य करेगा', 'यह नहीं हो सकता' और 'इसको करने का कोई फायदा नहीं' जैसे शब्दों को बाहर निकाल फेंकना होगा।
- आपको अपने मस्तिष्क को पुरानी, पुरातनवादी सोच से बाहर निकालकर सदैव नई सोच एवं विचारों को ग्रहण करनेवाला बनाना होगा। आप सदा नए प्रयोग करने के लिए तैयार रहें। अपने प्रत्येक कार्य में प्रगतिशील रहें।
- अपने आप से रोजाना यह सवाल करें कि कैसे आप और बेहतर तरीके से कार्य कर सकते हैं? आत्मविश्वास की कोई सीमा नहीं है।
- अपने आप से पूछें कि कैसे आप और अधिक कार्य कर सकते हैं? कार्य क्षमता आपके मस्तिष्क पर निर्भर करती है। जब आप अपने मस्तिष्क पर जोर डालेंगे और उससे यह सवाल करेंगे कि कैसे आप और अधिक कार्य कर सकेंगे? तब आपका मस्तिष्क आपको कार्य करने के विभिन्न तरीके बताएगा। जिसके द्वारा आप काफी समय व ऊर्जा बचा सकेंगे।
- किसी भी व्यवस्था में सफलता दो ही बातों पर निर्भर

करती है कि जो भी करें, बेहतर करें (मतलब उत्पाद की गुणवत्ता उच्च क्वालिटी की हो) और जो भी आप कर सकते हैं, उससे ज्यादा करें (अपने उत्पाद के उत्पादन की संख्या बढ़ाएँ)।

- इस बात का अभ्यास निरंतर करें कि आप लोगों से सदैव प्रश्न पूछें व उन्हें धैर्यपूर्वक सुनें। पूछने व सुनने की आदत से आपको वे जानकारियाँ मिलेंगी, जिनके द्वारा आप सदैव उचित निर्णय ले सकेंगे। याद रखें बड़े लोग सदैव सुनने की एवं छोटे लोग सदैव बोलने की आदत में माहिर होते हैं।
- अपने मस्तिष्क को संकुचित न बनाएँ। सदैव ऐसे लोगों के साथ संबंध रखें, जिनके नए-नए विचारों व कार्य करने के नए तरीकों से आप लाभान्वित हों। अपने आपको सदैव विभिन्न व्यवसायों एवं सामाजिक हितों वाले व्यक्तियों से जोड़े रखें।

इन तरीकों को अपनी जिंदगी में उतारकर निश्चित रूप से आप अपनी सोच को रचनात्मक बना सकेंगे और इसके उपरांत आपका प्रत्येक सपना रचनात्मक सोच से ओत-प्रोत एवं साक्षात् होगा।

हमारे जीवन में खुशी और निराशा एक ही सिक्के के

दो पहलू हैं। कभी-कभी हमें अकारण ही मानसिक उदासी तथा उत्फुल्लता के दौर से दो-चार होना पड़ता है। उदासी व निराशा जीवन के प्रतीक नहीं हैं, इन्हें दूर भगाएँ। इन पर विजय प्राप्त करके जीवन को उसके वास्तविक लक्ष्य प्रसन्नता तथा आनंद की तरफ अग्रसर कीजिए।

निराशा को परिभाषित करते हुए स्वेड मार्डेन लिखते हैं—'अगर कोई यह समझता है कि खुशियाँ मेरे नसीब में हैं ही नहीं, प्यार मुझे मिलता ही नहीं या वह इस वहम का शिकार है कि हँसी में मेरा कोई हिस्सा नहीं, तो ऐसे व्यक्ति की तुलना उस किसान से की जा सकती है, जो इस आशंका में अपना खेत ही नहीं जोतता कि इस साल बारिश होगी ही नहीं और सूखा पड़ना तय है।'

जब किसी भी कार्य में हम असफल हो जाते हैं, तो स्वाभाविक रूप से निराशा हमें आ दबोचती है। निराशा के अतिरेक की लहरें हमारे जीवन के उत्साह को बहा ले जाती हैं। कई बार इस तरह की त्रासदियाँ एक ओर जहाँ हमें अकर्मण्य बनाकर हमारे लिए दुःखों का जाल बुन देती हैं, वहीं दूसरी ओर जीवन से पलायन, आत्महत्या जैसे विचारों को भी जन्म देती हैं। निराशा की छाँव में खड़ा व्यक्ति मृत्यु की प्रतीक्षा करता है। निराश व्यक्ति को जीवन की सुंदरता में कोई रस प्रतीत नहीं होता। हर कार्य उसे असंभव और

बोझिल प्रतीत होता है तथा प्रत्येक रिश्ता उसे स्वार्थ से भरा दिखाई देता है।

जिंदगी एक खूबसूरत गुलाब है इसे प्राप्त करनेवालों को काँटों से भी निभाना पड़ेगा।

कवि मिल्टन के शब्दों में—'काँटो-रहित गुलाब अभी तक विकसित नहीं किए जा सके हैं।'

दीपावली का पावन-पुनीत पर्व अमावस्या की स्याह, अँधेरी रात में ही मनाया जाता है। जो इस बात की ओर संकेत करता है कि निराशा भरी अँधेरी रात में आशाओं के दीप जलाकर ही हम प्रकाश के आगमन का पथ प्रशस्त कर सकते हैं।

कहा भी गया है—

'रात लंबी है मगर तारों भरी है,
हर दिशा का दीप पलकों ने जलाया।
साँस छोटी है मगर आशा बड़ी है,
जिंदगी ने मौत पर पहरा बैठाया॥'

अतः निराशा जीवन के लिए एक अभिशाप से कम नहीं। सुखों के स्वप्न बुननेवालों को निराशा की निद्रा से जागना जरूरी है।

□

आप जो सपना देखते हैं, उसे साकार कर सकते हैं, आरंभ कीजिए।

—गोथे

4

यह समय है अपने सपनों को दोबारा पाने का

"मनुष्य के संपूर्ण कार्य उसकी इच्छा के प्रतिबिंब होते हैं।"

—अज्ञात

जाने-माने लेखक सारह हैंडरसन के शब्दों में, 'कोई सपना पैदा करो और उसको सब कुछ दे दो, जो आपके पास है, आपको यह जानकर आश्चर्य होगा कि इस तरह आप कितना कुछ पा सकते हैं। यदि आपके पास कोई सपना नहीं है तो कोई सपना उधार लो—चाहे किसी भी तरह, परंतु हमारे पास एक सपना होना ही चाहिए।'

इन पंक्तियों से यह बात स्पष्ट है कि प्रत्येक व्यक्ति की जिंदगी में हर समय कोई-न-कोई सपना जरूर होना चाहिए और जिसको पूरा करने के लिए वह संघर्ष करता रहे।

जिंदगी में यदि आप खुशहाल एवं धनी बने रहना चाहते हैं तो इसके लिए यह नितांत आवश्यक है कि आप जो भी कार्य करें, मन लगाकर दीवानगी की तरह करें। उस कार्य के प्रति यदि आपके अंदर जुनून होगा तो निश्चित रूप से आप सफल होंगे एवं आपको एक आत्मिक शांति प्राप्त होगी। यह जरूरी नहीं है कि प्रत्येक कार्य पैसे के लिए किया जाए, इस तरह की सोच से बोरियत का अनुभव होने लगता है, परंतु यदि आप जो भी कार्य करते हैं, उससे खुशी का अनुभव करते हैं तो निश्चित रूप से यह एक बहुत बड़ा प्रेरणा स्रोत होगा और आप जानकर आश्चर्यचकित होंगे कि कार्य की वही गुणवत्ता उसे देखते-ही-देखते किस तरह पैसे में परिवर्तित कर देती है! एक बात और कि आप जो भी कार्य करें उसको मन लगाकर करें, इस तरह से कार्य करने से आपको वह कार्य बार-बार नहीं करना पड़ेगा अर्थात् आपकी सफलता सुनिश्चित है।

प्राय: यह देखा गया है कि प्रत्येक व्यक्ति के अंदर कुछ जन्मजात प्रतिभाएँ छिपी होती हैं, मसलन गाना गाने की प्रतिभा, लिखने की प्रतिभा, अभिनय करने की प्रतिभा

इत्यादि। परंतु किसी-न-किसी कारणवश वह उन प्रतिभाओं का समुचित उपयोग नहीं कर पाता है। चाहे वह अपने अंदर आत्मविश्वास की कमी के कारण या लोगों के बुरा मानने के भय के कारण या लोगों की प्रतिक्रिया अनुकूल न मिलने के कारण या समुचित प्रोत्साहन न मिल पाने के कारण ही हो। लेकिन मेरा पूर्ण रूप से यही मानना है कि यदि आपके पास उस प्रतिभा को विकसित करने की मजबूत इच्छा है तो आप उस प्रतिभा को विकसित कर पाने में निश्चित रूप से कामयाब होंगे।

लेकिन इसके लिए यह जरूरी होगा कि आप अपनी वर्तमान परिस्थितियों पर नजर डालें व उनमें सुधार के तरीके सोचें। इस प्रकार आप निश्चित रूप से अपने कार्य को और ज्यादा मनोरंजक बना सकेंगे तथा अपनी प्रतिभाओं को भी सही रूप में विकसित कर सकेंगे।

आप अपने कार्यों को तेजी से निपटाएँ, आप स्वयं को अपने ही साथ प्रतिद्वंद्वी महसूस करें। इस प्रकार आप देखेंगे कि आप कार्य को कितनी जल्दी निपटा लेंगे एवं उसमें कोई कमी भी नहीं पाएँगे।

सदैव मुसकराते रहें और कोशिश करें कि जब भी कोई व्यक्ति आपके संपर्क में आए तो वह भी खुशी की अनुभूति करे।

सदैव प्रत्येक व्यक्ति को विशेष समझें एवं उसे सदैव

उसके नाम से ही संबोधित करें। किसी भी व्यक्ति को जब हम उसके नाम से पुकारते हैं तो वह स्वयं को आपसे जुड़ा हुआ अनुभव करता है। परिणामस्वरूप आपके बहुत सारे कार्य और उद्देश्य कम प्रयासों में ही पूरे हो जाते हैं। लोगों को उनके नाम से पुकारने के लिए छोटे-छोटे स्मृति शक्ति के उपाय हैं, जिनको अमल में लाकर आप इस कोशिश में कामयाब हो सकते हैं। इसका एक साधारण तरीका यह भी है कि जब भी आप किसी व्यक्ति से मिलें तो उसके नाम को किसी-न-किसी विषय अथवा वस्तु के साथ जोड़कर याद रखना शुरू करें। इस तरह देखेंगे कि आप धीरे-धीरे लोगों को उनके चेहरे के बजाय नाम के साथ याद रखने लगे हैं। नाम के पहले अक्षर को व्यक्ति के शहर, उसके व्यवसाय अथवा उसके साथ संबंधों के रूप में भी जोड़कर याद किया जा सकता है। निश्चित रूप से नाम के साथ पुकारा जाना हमें भी अच्छा लगता है।

प्रत्येक दिन सुबह जल्दी उठें व उस समय ऐसे कार्य करें, जिससे कि आपको यह अनुभूति हो कि आपने आज कुछ विशेष कार्य किया है, जो आप वास्तव में करना चाहते थे।

- किसी भी गप या बकवास को दोबारा न दोहराएँ।
- सदैव उन लोगों के साथ भी दयावान बने रहें, जो आपको नुकसान पहुँचाना चाहते हैं।

- सदैव लोगों को उनके कार्य पूरा करने में मदद करें।
- लोगों को वे जैसे हैं, वैसे ही स्वीकार करने की आदत डालें।

इस प्रकार जब आप अपने अंदर बदलाव लाएँगे तो अन्य लोगों की नजर में वह छिपा नहीं रहेगा और निश्चित रूप से आपको कुछ ऐसे अवसर मिलेंगे, जिनसे आपके कार्य क्षेत्र में और अधिक उन्नति होगी एवं आप और अधिक सफल एवं कामयाब व्यक्ति बनेंगे। अकसर देखा गया है कि व्यक्ति अपनी सफलता या असफलता का सारा श्रेय अपनी किस्मत या परिस्थितियों पर डाल देता है। यह सही नहीं है, जो कुछ भी होता है अधिकतर वह अपनी शक्ति से होता है। इसलिए यह नहीं मानना चाहिए कि जो भी होता है किस्मत से या संयोगवश होता है। हमें सदैव कार्यरत रहना चाहिए।

दुर्भाग्यवश यह देखा गया है कि अच्छे-अच्छे परिवारों, शिक्षकों एवं सलाहकारों द्वारा युवाओं को नौकरी करने की सलाह दी जाती है, चाहे उन्हें उसमें रुचि हो या नहीं। उनके कैरियर का चयन उनके द्वारा न होकर किसी अन्य व्यक्ति द्वारा होता है, फलस्वरूप वे जिंदगी में वह कामयाबी हासिल नहीं कर पाते, जो वे चाहते हैं, जिसका उन्होंने ख्वाब देखा था।

यह सदैव याद रखें आप ही हैं, जिन्हें प्रतिदिन कार्य पर जाना है। इसलिए सदैव अपनी पसंद का कार्य करें, दूसरों के कहने से नहीं। न ही औरों की पसंद के कार्य को अपना रोजगार बनाएँ, चाहे वह आपके जीवन में कितना भी महत्त्वपूर्ण क्यों न हो?

यह भी देखने में आता है कि कभी-कभी ऐसी परिस्थिति उत्पन्न हो जाती है, जब समझ में नहीं आता कि क्या करें, क्या न करें? ऐसी असमंजस वाली स्थिति अकसर पैदा होती है, जब हम लोग सपने तो बहुत बड़े-बड़े देख लेते हैं, जिनको पूरा कर पाना मुश्किल लगता है, ऐसे में उस असंभव कार्य को पूर्ण करने की बजाय, हम लोग अपनी उस इच्छा (सपने) को इतना गहरा दबा देते हैं और जो भी उपलब्ध है, उसी में संतोष कर लेते हैं और यह मान लेते हैं कि इससे ज्यादा हम कुछ नहीं कर सकते हैं।

इस सोच के साथ हम कभी भी वह सफलता प्राप्त नहीं कर सकते, जो हमें चाहिए या जिसका हमने सदैव ख्वाब देखा है। ऐसी स्थिति में हमें अपना कार्य एवं सोचने का तरीका बदलना होगा। हमें जानना होगा कि हम जिंदगी क्यों जीना चाहते हैं? क्या हैं हमारी जिंदगी के मूल्य एवं आधार, जिनको हमें पाना है, इनकी वजह से ही हमारे सारे निर्णय प्रभावित होते हैं। इसलिए यह बेहद जरूरी है कि

आप आगे वर्णित मूल्यों में से यह जानें कि हम किन-किन मूल्यों के लिए जिंदगी जीना चाहते हैं।

एक तरह से आप इन्हें वे सपने भी कह सकते हैं, जिनको पूरा करने के लिए आप पूरी जिंदगी संघर्षशील रहते हैं या रहेंगे। इसलिए आप इन्हें पहचानें और इनको पाने के लिए एक नई शुरुआत करें। ये मूल्य आपकी जिंदगी में सदैव प्रभाव डालेंगे एवं सदैव महत्त्वपूर्ण रहेंगे।

जैसे—आजादी, समृद्धि, आर्थिक सुरक्षा, सामाजिक संबंध, जुनून, उद्देश्य की पूर्ति, शादी, आपके बच्चे, मित्र, ज्ञान, रचनात्मकता, आत्मीयता, आपका मकान, घर से कार्य करना इत्यादि।

आप सदैव अपने को धन्य समझें कि जो कुछ आपके पास है वह सिर्फ आपके पास है। सदैव अपने सपनों को जगाए रखें। कभी भी उन्हें मरने न दें। उनको पूरा करने का प्रयास ही निश्चित रूप से आपको कार्य करने के लिए प्रेरित करता रहेगा और एक दिन सफलता आपके कदम चूमेगी।

प्रत्येक मनुष्य अपने अवसर और उद्यम के अनुसार जैसा चाहता है अपने आपको वैसा बना सकता है। वर्षों पहले एक युवक जो मशीन का कार्य किया करता था। क्लाइड नदी में नहाने के लिए उतरा। तैरते-तैरते वह एक किनारे

से दूसरे किनारे पर जा पहुँचा। उस हिस्से को उसने कभी देखा नहीं था। नदी का वह किनारा उसे बहुत मनोरम प्रतीत हुआ। उस समय वहाँ एक खाली मैदान था। उस रमणीय स्थान को देखते ही उसने यह दृढ़ विचार किया कि वह उस स्थान पर एक सुंदर कोठी का निर्माण करेगा, जो उसकी पत्नी के नाम पर होगी। कई वर्ष बीतने के बाद उसने अपने विचार को कार्यरूप में परिणत कर दिखाया। वहाँ पर बाग भी बन गया और एक अच्छा प्रासाद भी। लोग उसके मेहमान बनकर वहाँ आने लगे। वह बाग और मकान उस स्थान पर बनाने से पहले उसका नक्शा उस युवक के मन-मस्तिष्क पर बन चुका था। अत: एक दिन वे स्थूल रूप में भी निर्मित हो गए।

याद रखिए पहले विचार पनपता है, फिर परिणाम!

अमेरिका के इतिहास में अब्राहम लिंकन का जीवन चरित्र स्वर्णाक्षरों में अंकित है। लिंकन का जन्म अत्यंत गरीबी में हुआ। कर्ज से उनके माँ-बाप दबे हुए थे। हुल्लड़शाही में उनका बचपन गुजरा। गँवारों में उनका सहवास रहा। राजनीतिक आंदोलन ने उस समय कई रंग दिखाए परंतु स्वतंत्रता और एकता की बाँसुरी बजाते हुए उन्होंने अपना मंतव्य अर्जित किया। कठिनता, हीनता, दीनता, प्रतिघात सब में से होकर वे अपनी दृढ़ इच्छा शक्ति के बल पर निकल

गए और एक दिन अमेरिका के राष्ट्रपति बने।

जब उनके मित्रों ने उनको पहली बार 'नियम स्थापक परिषद्' के लिए नामांकित किया, तब उनके शत्रुओं ने उनका बड़ा मजाक उड़ाया था। जब वे अपने चुनाव के लिए वक्तव्य देने जाते तब अपने मोटे-फटे वस्त्र पहनकर जाया करते थे। वास्तव में उनके पास अपने चरित्र और कतिपय मित्रों के अतिरिक्त और था ही क्या! जब उनको उनके दोस्तों ने कानून सीखने के लिए कहा तो वकील बनने के ख्याल से वे बहुत हँसे और कहने लगे—'वकालत के लायक उनका दिमाग है ही नहीं!'

वे पेड़ों की छाया में बैठकर नंगे पाँव कानून पढ़ा करते थे और जहाँ काम किया करते थे, बहुदा वहीं सो जाते थे। नियम स्थापक सभा में जाने के लिए उन्हें एक नया सूट खरीदना पड़ा नतीजतन उनके पास पैसे नहीं बचे। किराया पास न होने के कारण उन्हें सौ मील पैदल चलकर जाना पड़ा, लेकिन दृढ़ इच्छा शक्ति, सपने देखने का हौसला और जीवन में कुछ कर गुजरने की लगन ने इतिहास में उनका नाम हमेशा के लिए अमर कर दिया।

□

यदि आप
'इसका' सपना देखते
हैं तो 'इसे' कर
भी सकते हैं।

—वॉल्ट डिजनी

5

अपने सपनों को वास्तविकता में बदलें

सत्य का सर्वश्रेष्ठ अभिनंदन यह है कि हम उसको आचरण में लाएँ।

—इमरसन

सपने जिनको आपने खुली आँखों से दिन के समय देखा है और जिन्हें आप पाना एवं पूरा करना चाहते हैं। जिनको पाने एवं पूरे करने की आपके मन में ज्वलंत इच्छा उत्पन्न हो चुकी है। सर्वप्रथम उनको आपको जानना होगा, पहचानना होगा कि क्या आप अपनी जिंदगी में पाना चाहते हैं?

वैसे नीचे लिखी 20 अभिलाषाओं (सपनों) को प्रत्येक व्यक्ति अपनी जिंदगी में पाना चाहता है। प्रत्येक व्यक्ति की

इनको पाने की प्राथमिकताएँ अलग-अलग हो सकती हैं, परंतु बात जो सबसे महत्त्वपूर्ण है, वह है—एक सपना। जिसको पाने की इच्छा हम सब लोगों में सर्वोपरि है, वह है—मानसिक शांति।

बाकी सारे सपने हम पाना तो चाहते हैं पर उनको पूरा करने का क्रम अलग-अलग हो सकता है। अपने तमाम सपनों (अभिलाषाओं) को वास्तविकता में बदलने के लिए आपको सिर्फ तीन कार्य करने होंगे और वे हैं—

1. सबसे पहले आप अपने सपनों को जानें।
2. दूसरे उन्हें स्पष्ट करें, मतलब उन्हें पाने एवं पूरा करने की प्राथमिकता तय करें।
3. तीसरे इन सबको किसी भी नोटबुक में अवश्य लिख लें।

यह बेहद जरूरी है, क्योंकि अकसर यह देखा गया है कि जिन लोगों ने इस तरह से अपने सपनों को लिखा वे उन्हें पाने में कामयाब रहे। परंतु जितने भी लोगों ने सिर्फ ऊपर लिखी दो बातें तो कीं पर उनको लिखना उचित नहीं समझा, उनके सपने साकार नहीं हो सके। इसलिए यह बेहद जरूरी हो जाता है कि आप उन्हें अवश्य लिखें। बेशक आपको विश्वास हो कि आप उनको हमेशा याद रखेंगे; कभी भूलेंगे नहीं।

वे 20 बातें, जिन्हें हम पाने की सदैव चाह (सपने) रखते हैं—

1. मानसिक शांति।
2. अपना खुद का व्यवसाय (आर्थिक भविष्य एवं कर लाभों पर पूर्ण नियंत्रण)।
3. परिवार के साथ अधिक समय बिताना।
4. उद्देश्यपूर्ण कार्यों का उपलब्धियों सहित पूर्ण होना।
5. अपनी आदतों एवं मनोरंजन हेतु अधिक समय दोस्तों के साथ व्यतीत करना।
6. सर्वश्रेष्ठ स्वास्थ्य।
7. उपलब्धियों पर सम्मान की चाह।
8. खुशी, मजेदार कार्यों के अवसरों की चाह।
9. अपनी एवं बच्चों की अच्छी शिक्षा बिना किसी आर्थिक दबाव में।
10. खुले दिल से लोगों की मदद एवं दान करना।
11. सदैव प्रथम श्रेणी में सफर एवं एक ही जगह ज्यादा समय छुट्टियाँ न बिताना।
12. आर्थिक सुरक्षा एवं कर्जरहित जिंदगी।
13. अपने परिवार को संपूर्ण आर्थिक सुरक्षा दे पाने में सक्षमता।
14. शानदार आलीशान मकान।

15. शानदार मनपसंद गाड़ी।
16. समृद्धि एवं संपूर्ण आर्थिक आजादी।
17. विलासिता खर्चों के लिए कभी भी कोई परेशानी न होना।
18. अपनी आनेवाली पीढ़ियों के लिए असीमित धन-संपदा छोड़ना।
19. मधुर पारिवारिक संबंध।
20. निश्चित रोजगार या आजीविका का साधन।

यह कोई आवश्यक नहीं है कि उपर्युक्त वर्णित 20 बातों के अलावा आप किसी और चीज की चाह न करें। यदि आप कुछ और भी अपनी जिंदगी में इनके अलावा पाना चाहते हैं, उसको सोचें एवं उसकी प्राथमिकता तय करें, लिख अवश्य लें वरना उनका पूरा हो पाना संदिग्ध होगा।

जैसा कि मैंने पहले भी कहा था कि आप अपने तमाम सपनों को यदि साकार होते देखना चाहते हैं तो इसके लिए यह बेहद जरूरी है कि आप अपनी सपनों की किताब (Dream book) अवश्य बनाएँ। उसमें अपने तमाम सपनों को लिखें एवं उनके पूरा होने पर तिथि लिखें। यह एक ऐसा जादू के समान कार्य है, जिस पर अकसर लोग विश्वास नहीं करते हैं, लेकिन देखने में यह आया है कि जिन लोगों ने ऐसा किया है उनके तमाम सपने कभी-न-कभी अवश्य पूरे हुए हैं।

अपने सपनों को वास्तविकता में बदलने के लिए आपको एक कार्य अवश्य करना होगा कि आप एक 3 × 5 इंच का कार्ड लें तथा उसपर उन दस चीजों को लिखें, जिन्हें आप एक साल के दौरान पाना चाहते हैं। ये चाहे कुछ भी हों और किसी भी क्षेत्र से जुड़ी हों, जैसे—आपका परिवार, व्यवसाय, समाज, शारीरिक, मानसिक एवं आध्यात्मिक इच्छाएँ। अपनी इस लिस्ट को इन्हीं महत्त्वपूर्ण क्षेत्रों के अंतर्गत आनेवाली जरूरतों से संतुलित करें। इस तरह से आप जिंदगी के जिस भी क्षेत्र को प्रभावित करना चाहते हैं। उसके लिए आपके पास लिखे हुए लक्ष्य होने चाहिए। इस प्रक्रिया को लक्ष्य निर्धारण कहते हैं। यह उतना ही जरूरी है जितना हमारे लिए भोजन ग्रहण करना। यदि आप चाहते हैं कि आप जिंदगी में एक बेहद कामयाब व्यक्ति बनें एवं आपके तमाम सपने साकार हों तो इसके लिए ये दोनों चीजें परम आवश्यक हैं।

आपके सपनों की किताब (Dream book) एवं लक्ष्य कार्ड (Goal card) आपको इन दोनों चीजों को सिर्फ बनाना ही नहीं होगा, अपितु प्रत्येक सुबह उठने के बाद एवं प्रत्येक रात सोने से पहले आपको इनको पढ़ना भी होगा। प्रत्येक सुबह, प्रत्येक रात निरंतर जब तक आपने सपने पूरे नहीं होते, क्या आप ऐसा कर सकेंगे? जी हाँ, यदि आपको अपने

ऊपर विश्वास है तो आप ऐसा अवश्य करेंगे। लेकिन यदि आप को विश्वास नहीं है तो भी जादू देखने के लिए यह कार्य अवश्य करें। कुछ समय पश्चात जब चीजें, जिनकी आपने चाहना की थी एवं लिखा, पूरी होने लगेंगी, तब आप खुद-ब-खुद इस अद्‌भुत कार्य पर विश्वास करेंगे। लेकिन यह सब कुछ तभी संभव है, जब आपके पास होंगे आपके सपने, जिनको आप वास्तविकता में बदलने का अरमान रखते हैं एवं अपने ऊपर विश्वास रखते हैं।

इसलिए यह बेहद जरूरी है कि आप अपने तमाम सपनों को जानें-पहचानें एवं उनको वास्तविकता में बदलने के लिए उनकी प्राथमिकताएँ तय करें एवं उनको लिख लें।

प्रत्येक व्यक्ति के जीवन में ऐसा समय अवश्य आता है, जब वह अपना समुचित विकास कर सकता है। वह खास समय मानो वह घड़ी है जब हमारा भाग्य हमारी तमाम ख्वाहिशों को पूरा करने के लिए हमारे दरवाजे पर दस्तक देता है। यदि हम उसका स्वागत नहीं करते तो वह उलटे पाँव वापस भी चला जाता है। लक्ष्मी का स्वरूप चंचल और चपल माना गया है। उसी प्रकार सौभाग्य भी चंचल और चलायमान है। आलसी और मंदगति के व्यक्ति सौभाग्य को पहचान नहीं पाते। जिसका परिणाम यह होता है कि उपलब्धियों के फूल उनके जीवन में नहीं खिलते। जबकि विवेकी, साहसी

और तीव्र इच्छा शक्ति वाले व्यक्तियों के सपने अवश्य पूरे होते हैं।

जिन व्यक्तियों को समाज भाग्यहीन कहता है, यदि उनके जीवन का ठीक ढंग से विवेचन किया जाए तो ज्ञात हो जाएगा कि उनमें कुछ-न-कुछ दोष अवश्य है, या तो वे क्रोधी हैं या फिर अहंकारी। या हो सकता है कि उनका स्वभाव लापरवाही से भरा हो। उनमें मनोबल, जोश, त्वरा या दृढ़ इच्छाशक्ति की भी कमी हो सकती है। जिसके कारण उन्हें सफलता नहीं मिलती।

इंग्लैंड के प्रसिद्ध विचारक डिजरायली कहते हैं—"मनुष्य व्यवस्था से नहीं बनता, बल्कि व्यवस्था को वह स्वयं निर्मित करता है।" कहावत है—'शैतान बेकार हाथों के लिए काम ढूँढ़ निकालता है, निरुद्यमी मस्तिष्क शैतान की दुकान है।' तात्पर्य यह है कि जब मनुष्य काम नहीं करता, तब उसे वासनाएँ घेर लेती हैं, उनकी पूर्ति के लिए वह चाहे जैसा और कई बार बुरा काम करने के लिए भी तैयार हो जाता है। अपने आपको परखने के लिए आप यह देखिए कि आप अपने व्यवसाय को पूर्ण होने पर क्या करते हैं। क्या अवकाश चौबीस घंटों का अंश नहीं है? क्या अवकाश जीवन का भाग नहीं है। आफिस में केवल छह घंटे काम करना है, तो क्या बाकी बचे 18 घंटों का हिसाब

आपको नहीं देखना है? यदि आप 24 घंटों के दिन में से एक छह घंटों का छोटा सा दिन और बना लें, तो आपके बहुत से काम सरलतापूर्वक होते चले जाएँगे।

फ्रांसिस क्रासबी हैमलेट की मशहूर कविता यहाँ पढ़ने योग्य है—

रखे न लक्ष्य पास अपने
कि हो जाएँ प्राप्त शीघ्र
यदि हो गए छोटी जीत से संतुष्ट,
कभी न कर पाएँ आप काम बड़े।
जाता सुदूर बंदरगाह समुद्री जहाज बड़ा,
ठहरता नहीं अपने निर्गामी पथ पर ।
हर पहाड़, हो कितना ही ऊँचा,
देखता ऊपर तारे की ओर।

□

सपने हमें
जीवन में महानता
की ओर अग्रसर
करते हैं।

—डेबोराह नारविले

6

अपने सपनों को ऐसे साकार करें

सपने आपके चरित्र को पारस की तरह स्वर्ण में बदल देते हैं।

—हेनरी डी. एवं थोरेऊ

अब तक आपने अपने तमाम सपनों (अभिलाषाओं) को जान लिया होगा तथा पहचान लिया होगा? क्या हैं वे जिनको आप जिंदगी के इस सफर में पूरा करना चाहते हैं? क्या हैं वे उपलब्धियाँ जिनको आप पाना चाहते हैं? यही हैं वह इच्छा रूपी ईंधन, जो आपके जिंदगीनुमा सफर में ऊर्जा का काम करेगा, जैसे रेलगाड़ी में ईंजन की महत्ता है, वैसे ही हमारी जिंदगी रूपी गाड़ी में सपने वो इंजन हैं, जिनके बिना

हम अपने गंतव्य स्थान (उपलब्धियों) को नहीं पा सकते।

अपने गंतव्य स्थान तक पहुँचने के लिए अब सिर्फ आपको तय करना है कि कौन सा तरीका अपनाया जाए? मतलब जिंदगी की इस गाड़ी को कौन सी पटरी पर डाला जाए, जिससे कि आप अपनी मंजिल पा सकें?

तीन परंपरागत रास्ते हम सब लोग बखूबी जानते हैं और इन्हीं रास्तों को प्रयोग में लाकर अपनी अंतिम मंजिल पाना चाहते हैं।

ये परंपरागत तरीके हैं—

1. नौकरी (Job),
2. व्यवसाय एवं पेशा (Business and Profession),
3. विनियोजन (Investment)।

1. **नौकरी (Job) :** यह एक ऐसा रास्ता है, जिस पर जिंदगी की रेलगाड़ी चलती तो रहती है, परंतु मध्यम गति से चलने वाली पैसेंजर गाड़ी की तरह, जिसका अपने गंतव्य स्थान पर पहुँचना तो तय है पर समय कुछ निश्चित नहीं होता। इसलिए वो तमाम उपलब्धियाँ, जिनका सीधा संबंध समय से है, इस तरीके द्वारा पा लेना संदिग्ध होता है। मतलब यह है कि इस परंपरागत तरीके से हम अपने तमाम

सपनों को साकार नहीं कर सकते हैं।

2. **व्यवसाय एवं पेशा (Business and Profession):** इस दूसरे परंपरागत तरीके से जीवन यात्रा में गति तो आ जाती है साथ ही। उपलब्धियाँ भी जल्दी-जल्दी होती हैं, पर उसके लिए चाहिए एक कुशल ड्राइवर अर्थात् आपकी मानसिक सोच (Mental attitude) व्यावसायिक सोच (Business thinking) एवं दूरदर्शिता (Forsight) जोखिम उठाने की क्षमता (Risk bearing capacity)। ये तमाम चीजें अर्थात् ड्राइवर आपके पास है, तो इस परंपरागत तरीके से आप अपने तमाम सपने साकार कर सकते हैं।

3. **विनियोजन (Investment)** : ये वह परंपरागत तरीका है, जिसके माध्यम से आप अपनी जीवन रूपी यात्रा बड़े आनंदमय तरीके से पूरी कर सकते हैं, बशर्ते आपके पास दूरदर्शिता एवं जोखिम उठाने की भरपूर क्षमता हो। इस तरीके के माध्यम से सपने साकार हो सकते हैं, लेकिन इसके लिए कुशल ड्राइवर होना चाहिए।

इन परंपरागत तरीकों से आप अपने सपने तो साकार कर सकते हैं, परंतु एक सीमा तक ही। क्योंकि यहाँ आपको

इन्हें पाने के लिए अपने आगे या साथ-साथ चलने वाले व्यक्ति के कदमों का अनुसरण करना होगा। इसका मतलब आपकी सफलता काफी कुछ और व्यक्तियों की सोच एवं व्यवहार पर निर्भर करेगी, इसलिए यदि आप अपने तमाम सपनों को अपनी जिंदगी के सफर में पाना चाहते हैं तो उसके लिए आपको वह रास्ता चुनना होगा जिस पर चलकर आप अपने गंतव्य स्थान पर शीघ्र पहुँचें। यह वह रास्ता है, जिस पर चलने के लिए आपको अपने अंदर आमूल-चूल परिवर्तन लाने होंगे। ये परिवर्तन इसलिए भी जरूरी हैं कि इनके बिना आप उन्हीं परंपरागत तरीकों को जिंदगी भर आजमाते रहेंगे एवं और लोगों की तरह ही अपने को सदैव असफल पाएँगे। यदि आपके सपने इतने बड़े हैं कि उन्हें इन तरीकों से आप नहीं पा सकते हो तो निश्चित रूप से आपको अपने को और भी खींचकर बड़ा करना होगा अर्थात् अपने अंदर जबरदस्त बदलाव लाना होगा। आपको अपने अंदर वे तमाम बातें पैदा करनी होंगी, जो एक सफल व्यक्ति के अंदर होती हैं और वे हैं—

1. आपका दृष्टिकोण (Attitude),
2. आपका आत्मविश्वास (Self Confidence),
3. आपकी वचनबद्धता/अर्थबद्धता (Commitment)

सर्वप्रथम आपको अपना दृष्टिकोण सदैव सकारात्मक

(Positive) रखना होगा दूसरे, आपको अपने ऊपर एवं दूसरों पर सदैव विश्वास करना होगा तीसरे, आपको अपने अंदर प्रत्येक कार्य के प्रति कटिबद्धता लानी होगी। मतलब जिस भी कार्य को आप शुरू करें उसे कभी भी बीच में न छोड़ें।

इन तीनों चीजों को अपने व्यक्तित्व में अपनाकर आप कामयाब व्यक्तियों के कदमों का अनुसरण कर अपने तमाम सपनों को पूरा होते हुए पाएँगे, लेकिन इसके लिए आपको अपनी पूर्व में हुई सभी गलतियों को भूलना होगा। उन गलतियों से आप सिर्फ सीखें। नाकामयाबी सिर्फ एक घटना है तथा सीखने योग्य अनुभव है, यह एक बढ़ता हुआ कदम है जो हमें सफलता की ओर ले जाता है। सफल व्यक्तियों ने न जाने कितने बार असफलता का मुँह देखा है उनके लिए असफलता सिर्फ एक गुजरी हुई घटना है जैसे, पुल के नीचे बहता पानी।

आप अपने बारे में क्या सोचते हैं?

- आप नाकामयाब नहीं हैं,
- आप कोई घटना भी नहीं हैं,
- आप एक विजेता हैं।

आपको चाहिए अपने तमाम सपनों को पूरा करने के लिए कामयाब एवं सफल व्यक्तियों द्वारा एक ऐसा आजमाया रास्ता (Proven track) अपनाएँ, जिसके माध्यम से आपको

कामयाबी मिले एवं आपके तमाम सपने जिंदगी रूपी सफर में पूरे हो जाएँ तथा आपको बहुत सी उपलब्धियाँ प्राप्त हों।

इसके लिए आपको निम्नांकित बातें अपनानी होंगी—

1. अपने तमाम सपनों (अभिलाषाओं) को लिखना होगा। इसके लिए आप एक नोट बुक लें और उसमें सारे सपनों को चाहे वे छोटे हों या बड़े हों, काल्पनिक हों या असंभव लिख लें। इस नोट बुक में आप इन सपनों से संबंधित तसवीरें भी लगा सकते हैं। यह नोट बुक आपके सपनों की किताब (Dream book) होगी, जिसको आप नियमित रूप से दिन में दो बार सुबह एवं रात्रि में सोने से पहले अवश्य देखें।
2. अपने सपनों को पूरा करने की प्राथमिकता तय करें, इसके लिए जरूरी है लक्ष्य निर्धारण (Goal setting) प्रक्रिया को अपनाना। इस तरह से आप अपनी ऊर्जा भी बचा सकेंगे एवं बहुत सारा समय भी।
3. अपने तमाम लक्ष्यों को समयबद्धता के अनुसार तीन श्रेणियों में बाँटें।

   दीर्घकालिक, मध्यकालिक एवं अल्पकालिक।
4. अपने तमाम लक्ष्यों को जिंदगी के इन क्षेत्रों में बाँटें—

   (1) आध्यात्मिक,

(2) पारिवारिक,

(3) सामाजिक,

(4) मानसिक,

(5) शारीरिक,

(6) आर्थिक।

लक्ष्यों का निर्धारण करते समय इन बातों का ध्यान अवश्य रखें कि—

- आपके लक्ष्य आपके द्वारा निर्धारित हों।
- आप अपने तमाम लक्ष्यों को वर्तमान रूप में सकारात्मक भाषा में लिखें एवं सदैव अपने दिमाग में रखें।
- आपके लक्ष्य सदैव स्पष्ट, विस्तृत, प्राप्ति योग्य एवं विश्वसनीय हों।
- आप अपने लक्ष्यों को पाने का समय अवश्य तय करें ताकि उनके पूरा होने का आपको विश्वास पैदा हो।
- आपको वह रास्ता (Proven way) अपनाना होगा जिस पर चलकर तमाम कामयाब व्यक्तियों ने अल्प समय में आशातीत सफलता पाई है। इसके लिए आपको एक ऐसा तरीका अपनाना होगा जहाँ आप

अपने समय को गुणात्मक कर सकें। यानी अपने सीमित समय से असीमित समय का लाभ उठा सकें।

अपने सभी सपनों को साकार करने के लिए रास्ता आपके समक्ष है। सफर करने के लिए आवश्यक संसाधन आपने जुटा लिए हैं, फिर देर किस बात की। अपना सफर तय करें और कामयाबी के उस उच्च शिखर पर अपने कदम पहुँचा दें जहाँ से आप अपने तमाम सपनों को साकार होते हुए देखेंगे। क्योंकि किसी ने सच कहा है कि अवसर (Opportunity) जिंदगी में एक बार मिलता है यह आप पर निर्भर करता है कि आप उसे अपना लें या उसे किसी और के लिए छोड़ दें।

स्टुअर्ट मूर के शब्दों में—

'आप कुछ नहीं करेंगे, तो कुछ नहीं पाएँगे
यदि आप कुछ करेंगे, तो कुछ ही पाएँगे
बुरे-से-बुरा यह होगा कि आपको कुछ नहीं मिलेगा।
इससे घबराएँ नहीं।
अभी भी असीम संभावनाएँ आपकी राह में हैं जो
आपके जीवन को संपन्न कर देंगी।'

—स्टुअर्ट मूर

□

मैं रात में
सपने नहीं देखता।
मैं सब दिन सपने
देखता हूँ।

—स्टिवन स्पिलबर्ग

7

अपनी जिंदगी : एक मूल्यांकन

न समझने की ये बातें हैं, न समझाने की।
जिंदगी उचटी हुई नींद है दीवाने की॥
—फिराक गोरखपुरी

जिंदगी के बारे में कितना सच कहा गया है उपर्युक्त पंक्तियों में। आपका अपनी जिंदगी के बारे में क्या दृष्टिकोण है यह तो मैं नहीं जानता, लेकिन इतना जरूर मैं कह सकता हूँ कि हममें से प्रत्येक व्यक्ति यह जरूर जानना चाहता है कि उसकी जिंदगी किस प्रकार गुजरनेवाली है। क्या वे तमाम सपने जो हमने खुली आँखों से देखे हैं, साकार हो सकेंगे? क्या है भविष्य की गर्त में छिपी हुई

हमारी जिंदगी? लेकिन यह सच है कि सिर्फ भाग्य के भरोसे रहकर हम अपना भविष्य नहीं सँवार सकते। अपने तमाम सपनों को साकार होता हुआ नहीं देख सकते हैं। ऐसा कुछ संभव है तो सिर्फ कर्म द्वारा। हमें सर्वप्रथम अपने को पहचानना होगा।

जब आप इस किताब को बंद करेंगे तो आप महसूस करेंगे कि आपने कुछ सीखा है और अपने पुराने कार्यों में व्यस्त हो जाएँगे या अपनी जिंदगी को पूर्ण नियंत्रण में लेने का प्रयास करेंगे। अपने मस्तिष्क, अपनी सोच एवं वित्तीय जरूरतों को नियंत्रित करेंगे। आप इस प्रकार सभी मायनों में धन-संपदा एकत्र कर सकेंगे एवं अपने तमाम सपनों को पूरा कर सकेंगे। विनियोजन के नए-नए तरीके पैदा होंगे, खत्म होंगे, बाजार में मंदी व तेजी आएगी, अर्थव्यवस्था सुधरेगी-बिगड़ेगी। लेकिन इस संसार में आपको नए-नए अवसर मिलते रहेंगे, जिससे कि आप अपनी जिंदगी सँवार सकें तथा अपने तमाम सपनों को साकार कर सकें, लेकिन यह तभी संभव है जब आप उन्हें देखना चाहें। जैसे-जैसे विश्व में परिवर्तन होंगे नई-नई तकनीकें विकसित होंगी। आपके समक्ष होंगे ढेर सारे अवसर, जिनके द्वारा आप अपने तमाम सपनों को साकार होता हुआ देख पाएँगे।

मैं चाहता हूँ कि आप अपना अतीत पीछे छोड़ दें एवं

परिवर्तनों का सदैव स्वागत करें। अपने अंदर बदलाव लाएँ, अपना ज्ञान बढ़ाएँ। इन परिवर्तनों के फलस्वरूप कुछ लोग घुटनों के बल होंगे एवं सबकुछ खो चुके होंगे, लेकिन कुछ लोग जो इस चुनौती को स्वीकार करेंगे और अपनी जिंदगी में बदलाव लाएँगे उनके पास धन-संपदा लाखों की होगी। देखना यह है कि आप अपने बारे में क्या सोचते हैं।

बहुत से लोग जीवन संग्राम में जूझने से पूर्व ही हथियार डाल देते हैं। ऐसे लोग घोर निराशावादी होते हैं। वे खेलने से पूर्व ही हार जाते हैं। सुकरात कहा करते थे—'निराशा जब चरम सीमा पर पहुँच जाती है, तब हमारी जीभ बंद हो जाती है। जो अपनी सामर्थ्य तथा क्षमता प्रदर्शित करने से पूर्व ही अपने को पराजित महसूस कर लेते हैं। उन्हें दुनिया की कोई भी ताकत विजयी नहीं बना सकती। ऐसे व्यक्तियों को ध्यान में रखते हुए ही यह कविता लिखी गई है—

> यदि आप सोचते हैं कि आप पिटे मोहरे हैं,
> तो आप हैं।
> यदि आप सोचते हैं कि आप नहीं कर सकते,
> तो आप नहीं कर सकते।
> यदि आप जीतना चाहते हैं, लेकिन सोच विपरीत
> है तो निश्चित है कि आप हार जाएँगे।
> आप पराजय की सोचते हैं तो पराजित होंगे।

आपको अपने पर भरोसा करना होगा,
उसके पहले आप कोई पुरस्कार नहीं पा सकते।
जीवन-रण हमेशा नहीं चलता,
लेकिन देर-सवेर जो जीतता है,
वही आदमी होता है जो जीतने की सोचता है।

अर्थात् यदि आप सोचते हैं कि मैं पराजित हो जाऊँगा, तो आप पराजित हो गए हो। यदि आप सोचते हैं कि यह काम मेरे वश का नहीं है, तो आप इस काम को करने का साहस कभी नहीं जुटा पाएँगे। यदि आप सोचते हैं कि मैं जीतने के लिए जी तो रहा हूँ, परंतु जीत नहीं सकता तो आप कदापि विजय हासिल नहीं कर पाएँगे। यदि आप सोचते हैं कि मैं हार जाऊँगा, तो आप हार चुके हैं। कोई भी इनाम जीतने के लिए हमें पहले इसकी प्राप्ति मन में सुनिश्चित करनी होती है। जिंदगी एक ऐसी जंग है, जिसमें अधिक बलवान अथवा अधिक ध्रुवगामी ही सदैव विजयी नहीं होता। देर-सवेर वही व्यक्ति विजयी होता है, जो यह सोच लेता है कि मुझे जीतना ही है।

□

अपने दिल की
बात सुनें।
आपका सपना जरूर
सच होगा।

—अज्ञात

8

सपना झरना नींद का

अगर आप सपना देखते हैं कि सफल होंगे, तो आप सफल होंगे।

—निकिता कोलोफ

सपनों का हमारे जीवन से गहरा संबंध है। सभी अलग-अलग सपने देखते हैं—कोई छोटा सपना देखता है तो कोई बड़ा। आज जो मन को चकित करनेवाली अद्भुत मशीनें हम देखते हैं, वे सब इसलिए संभव हो सकीं, क्योंकि किसी ने कभी इनके बारे सपना देखा था।

सपने सकार करने में समय लगता है, लेकिन यदि दिल में उत्साह, ईमानदारी और परिश्रम करने की तमन्ना है तो

वे पूरे हो जाते हैं। कहा जाता है कि हम जैसा सोचते हैं, वैसा ही बन जाते हैं।

सपने सभी देखते हैं। सभी के अपने सपने होते हैं। कोई सोते वक्त सपना देखता है, तो कोई जागते वक्त। जो सपने हम सोते वक्त देखते हैं, वे प्रायः जागते ही भूल जाते हैं। और जो सपने जागते वक्त देखते हैं, उसे हम याद रखते हैं।

कोई पेड़ के नीचे एकांत में बैठकर बहुत बड़ा सपना देखता है, किंतु उसे पाने के लिए कुछ नहीं करता तो वह बस मन का लड्डू है, उससे कुछ हासिल होने वाला नहीं है। वह अपना बहुमूल्य समय यूँ ही गँवा रहा है।

जीवन में सफलता का निर्धारण सबसे पहले मन में होता है, फिर उसे पूरा करने के लिए लगन के साथ परिश्रम करने से सफलता प्राप्त होती है। इसलिए सपना देखना ज्ञान से भी अधिक महत्त्वपूर्ण है। ज्यादातर सफल लोग कोई बहुत कुशाग्र बुद्धिवाले नहीं होते—वे हमारे-आपके जैसे साधारण लोग ही होते हैं। लेकिन उनमें अलग ढंग से सोचने और कुछ करने का साहस होता है। पहला कदम आगे बढ़ाने की हिम्मत होती है। उसके बाद दूसरा कदम उठाने का जोश होता है। उसके बाद तीसरा कदम चलने की लगन होती है।

नदी की शुरुआत जहाँ से होती है, वहाँ वह बेहद सँकरी और छोटी होती है। जैसे-जैसे वह आगे बढ़ती है, चौड़ी

होकर बड़ी नदी में बदलने लगती है। हमारे जीवन में किसी बड़े काम की शुरुआत भी इसी प्रकार होती है। जिस तरह नदी का पानी हमेशा आगे ही बढ़ता रहता है, ठीक उसी प्रकार यदि कोई व्यक्ति अपने जीवन में निरंतर परिश्रम करते हुए आगे बढ़े तो सफलता जरूर मिलती है।

सपनों को साकार करना सपने देखने की तरह सहज नहीं होता। उस सपने को बार-बार देखना होता है, साथ ही उसे पूरा करने के लिए सतत प्रयत्नशील भी रहना होता है। इसमें समय और श्रम लगता है।

सपनों को पूरा करने में समय लगता है। कोई कहता है कि इसके लिए मेरे पास पैसा नहीं है, समय नहीं है, सहायता करनेवाला कोई नहीं है, तो ये सब बेकार की बातें हैं। अगर आप दो दिन का काम एक दिन में ही करना चाहते हैं, तो जैसे आपका शरीर साथ नहीं देगा, वैसे ही सपना भी साथ नहीं देगा। इसलिए जो काम आज करना है वही कीजिए और जो कल करना है उसे कल के लिए छोड़ दीजिए। आज का दिन खुशी से बिताइए और रात को चैन की नींद सोइए। लेकिन जिस तरह आज का काम आज पूरा किया है, उसी तरह से कल भी कल का काम पूरा कीजिए, परसों भी···।

प्रबल इच्छा

प्रबल इच्छा का तात्पर्य उस दृढ़ निश्चय से है जो हमें अपने किसी लक्ष्य या सपने की खातिर करना होता है। यह लक्ष्य शक्ति, ओहदा, धन या ऐसी ही अन्य कोई वस्तु हो सकती है। कुछ बड़ा पाने या करने के लिए महत्त्वाकांक्षा अनिवार्य है। जीवन में कुछ बड़ा करने का दृढ़ निश्चय। एक स्कूली छात्र ने सॉफ्टवेयर कंपनी शुरू की—माइक्रोसॉफ्ट। इसी बीच इस छात्र ने हार्वर्ड विश्वविद्यालय में प्रवेश लिया। जब वह अपने स्नातक पाठयक्रम के द्वितीय वर्ष में था, कंपनी ने बहुत बड़ा लाभ कमाना शुरू किया। उसका सपना था कि वह अरबपति बने। उसने अपनी पढ़ाई छोड़ दी, क्योंकि कंपनी का काम बढ़ गया था। उसने अपने लक्ष्य को पहचाना और अपने जीवन के महत्त्वाकांक्षी कार्य को तीस वर्ष में पूरा कर लिया। उसकी प्रतिदिन आय वर्ष 1998 में आठ सौ करोड़ थी। आज वह इस धरती का सबसे धनी व्यक्ति है। कौन है वह महान् व्यक्ति? वह है बिल गेट्स।

क्या प्रबल इच्छा, उत्साह एवं साहस के अभाव में तेनसिंह और हिलेरी एवरेस्ट पर्वत की चोटी पर चढ़ने में सफल हो पाते?

अपने सपनों को न छोड़े

सचिन तेंदुलकर का कहना है कि नौजवानों को अपने

सपनों को कभी नहीं छोड़ना चाहिए और उन्हें पूरा करने की भरपूर कोशिश करनी चाहिए।

सचिन मानते हैं कि सपने ही इनसान को आगे बढ़ने में मदद करते हैं और अगर हम पूरे जी-जान से अपने लक्ष्य को पूरा करने की दिशा में काम करें तो शायद ही ऐसा हो कि हम उसे हासिल करने में कामयाब न हों।

सचिन कहते है, "अपने लक्ष्य तक पहुँचने के लिए हम सब मेहनत करते हैं। लेकिन कई बार हम थोड़े आलसी हो जाते हैं और लक्ष्य हासिल करने से पहले ही हार मान लेते हैं। हम यह नहीं समझ पाते कि अगर हमने थोड़ी और मेहनत की होती तो हम अपनी मंजिल पा सकते थे। इसलिए सपने देखिए और साथ ही मेहनत भी कीजिए, आपके सपने जरूर पूरे होंगे।"

बकौल शायर—

सपना झरना नींद का, जागी आँखें प्यास।
पाना, खोना, खोजना, साँसों का इतिहास।।
कुछ सपनों के मर जाने से जीवन नहीं मरा करता।

हार न मानें

हर युवा का एक सपना होता है, उसे पूरा करने के लिए बहुत हद तक वह कोशिश भी करता है। कुछ के सपने

पूरे हो जाते हैं, कुछ सपनों में ही खो जाते हैं। सपना तो अवश्य ही देखें, लेकिन उन सपनों को पूरा करने से पहले ही हार मान लेना या उन्हें बीच में छोड़ देना सफलता की दूरी कई कदम और बढ़ा देता है।

व्यक्ति की प्रवृत्ति से ही उसके वास्तविक गुणों की गणना होती है। प्रवृत्ति में ही आशावाद या निराशावाद के बीज छिपे होते हैं। समसामयिक परिस्थितियों के प्रति व्यक्ति का व्यवहार व नजरिया एक खुश और नाखुश व्यक्ति के बीच सबसे बड़ा अंतर पैदा करता है। यह सही है कि हर समय हर कोई खुश नहीं रह सकता है। लेकिन कठिन-से-कठिन परिस्थितियों से भी खुशियाँ निचोड़ लेने की क्षमता आप में होनी ही चाहिए। निराशावादी लोगों को विभिन्न वस्तुओं या परिस्थितियों के प्रति नजरिए में परिवर्तन लाना चाहिए। आए दिन हम सभी किसी-न-किसी विषय पर नाराज तो होते ही हैं। कभी-कभी इस कारण पूरा दिन खराब हो जाता है, लेकिन बेहतर सोच व समय के साथ भयंकर प्रतीत होने वाली घटनाएँ भी छोटी लगने लगती हैं। परिवार में किसी प्रिय की मृत्यु या कोई बड़ी दुर्घटना हो जाने पर ऐसा लगता है कि मानो पहाड़ टूट गया हो, किंतु समय गुजरने के साथ-साथ इसका प्रभाव कम होता जाता है। धीरे-धीरे हम इस बात को स्वीकार करने लगते हैं कि इस तरह की घटनाओं को टाला नहीं जा सकता।

भविष्य सुधारने के लिए आप क्या करते हैं? सपने देखते हैं और उसे साकार करने की कोशिशें करते हैं। सपने साकार हुए तो अच्छा और टूट गए तो··· गोपाल दास नीरज के शब्दों—

छिप-छिप अश्रु बहानेवालों
मोती व्यर्थ लुटानेवालों
कुछ सपनों के मर जाने से
जीवन नहीं मरा करता है।
सपना क्या है, नयन सेज पर
सोया हुआ आँख का पानी
और टूटना है उसका ज्यों
जागे कच्ची नींद जवानी
गीली उमर बनानेवालों
डूबे बिना नहानेवालों
कुछ पानी के बह जाने से
सावन नहीं मरा करता है।
माला बिखर गई तो क्या है
खुद ही हल हो गई समस्या
आँसू गर नीलाम हुए तो
समझो पूरी हुई तपस्या
रूठे दिवस मनानेवालों
फटी कमीज सिलानेवालों

कुछ दीयों के बुझ जाने से
आँगन नहीं मरा करता है।
खोता कुछ भी नहीं यहाँ पर
केवल जिल्द बदलती पोथी
जैसे रात उतार चाँदनी
पहने सुबह धूप की धोती
वस्त्र बदलकर आनेवालों
चाल बदलकर जानेवालों
चंद खिलौनों के खोने से
बचपन नहीं मरा करता है।

एक बुरा बॉस या झगड़ालू पत्नी या पति आपको थोड़े समय के लिए परेशान कर सकते हैं। लेकिन जब आप जीवन के प्रति सकारात्मक नजरिया अपना लेते हैं तो किसी भी कठिन परिस्थिति से निकलना मुश्किल नहीं होता। प्रतिकूल परिस्थितियों से निपटने का अच्छा तरीका यह है कि आप सकारात्मक और विजय प्राप्त करने वाले विचारों से काम लें। सकारात्मक विचारों पर अडिग रहने का मतलब होता है आधी जंग जीत लेना। सकारात्मक विचारों को अपनाकर ही सफलता और असफलता के बीच के अंतर को पाटा जा सकता है। जरूरी नहीं है कि हर परिस्थितियों में सफलता ही मिले। लेकिन हर परिस्थिति से कुछ-न-कुछ लाभ तो

लिया ही जा सकता है। सकारात्मक व्यवहार हमें सभी तरह की परिस्थिति से वास्तविक मूल्यांकन की क्षमता प्रदान करता है। वहीं दूसरी तरफ नकारात्मक सोच बड़ी-बड़ी बाधाएँ खड़ी कर देता है। कई बार ये बाधाएँ वास्तविक होती हैं तो कई बार मात्र काल्पनिक।

नकारात्मक विचारों से स्वयं के साथ-साथ अपने सगे-संबंधियों को भी मानसिक ठेस पहुँचती है। इस कारण इनसे बचने का उपाय करना चाहिए। सकारात्मक व्यवहार से ही हम इस तरह की बातों से पीछा छुड़ाते हुए स्वयं को नई परिस्थितियों के लिए तैयार कर सकते हैं। इसलिए स्वयं को मजबूत बनाने का प्रयास करना चाहिए। मानसिक रूप से मजबूत व्यक्ति प्रतिकूल परिस्थितियों में भी स्वयं को बिलकुल सुरक्षित रखता है। इस तरह के व्यक्ति न केवल स्वयं को किसी घटना का शिकार होने से बचाते हैं, बल्कि उन समस्याओं पर विजय भी प्राप्त करते हैं।

जो भी व्यक्ति विजेता बनना या अपने व्यक्तित्व का विकास करना चाहता है, उसे ज्यादा-से-ज्यादा ध्यान सकारात्मक व्यवहार पर केंद्रित करना चाहिए। इससे सभी तरह की उपलब्धियों को प्राप्त करने में सहायता मिलती है। सभी तरह की सुख-सुविधाओं का मालिक होने का मतलब सिर्फ खुशियाँ ही आपके हिस्से में हों, जरूरी नहीं है। सकारात्मक

प्रवृत्ति वाला व्यक्ति सीमित आय में धनी व्यक्ति की अपेक्षा ज्यादा खुश रह सकता है। जीवन को बदलने के लिए हमें खुद के बारे में बनाई गई धारणाओं को भी बदलना पड़ता है। जब हम अपनी सोच, व्यवहार और मान्यताओं में बदलाव लाते हैं तो पूरा जीवन स्वत: ही बदलने लगता है।

जब किसी सकारात्मक लक्ष्य के लिए अपने अंदर परिवर्तन लाते हैं तो कुछ भी पाना असंभव नहीं होता। स्वयं को बदलने की कुंजी हर व्यक्ति के हाथ में होती है। ज्यादातर लोग समस्याएँ आने पर ही खुद में बदलाव लाते हैं। जो व्यक्ति हृदय रोग या डायबिटीज से पीड़ित हैं। उन्हें सामान्य जीवन जीने के लिए अपने खान-पान की आदतों में परिवर्तन लाना होता है। जीवन को आराम और चैन के साथ जीना भी हमारा एक उद्देश्य है। अत: समस्या के पैदा होने से पहले ही अपने अंदर आवश्यक परिवर्तन लाना जरूरी होता है। किसी समस्या के उत्पन्न हो जाने के बाद दबाव में कुछ करने की बजाए यह एक बेहतर विकल्प है। हमारा लक्ष्य यह होना चाहिए कि हम खुद से किए गए वादों को पूरा करें। इन वादों को पूरा करने से हमें हमेशा लाभ मिलता है।

अपनी सोच को सही तरीके से सपनों को पूरा करने के लिए अमल में लाने का प्रयास करें। हर व्यक्ति के अपने सपने होते हैं, जो बहुत महत्त्वपूर्ण होते हैं। एक अच्छी सोच

के बावजूद वे डरते हैं कि कहीं लोग हम पर हँसेंगे, यह जानकर आश्चर्य होगा कि ज्यादातर लोग अपने सपने इसलिए नहीं पूरे कर पाते, क्योंकि वे उनके टूट जाने या पूरा न हो पाने के डर से परेशान रहते हैं। युवाओं को स्वयं से कहना होगा कि उनमें सपनों को पूरा करने की क्षमता है और आप उन्हें पूरा होता देखेंगे।

अपनी थकान से हार न मानें

हर समय काम करने के लिए खुद को मजबूर न करें। युवाओं को जीवन में संतुलन का विशेष ध्यान रखना चाहिए। अगर लगातार स्वयं से कठोरता से काम लेंगे तो जल्दी ही थक जाएँगे। इससे आपकी कार्य क्षमता में गिरावट आने लगेगी और काम करते समय गलत निर्णय लेने से भी कार्य क्षमता प्रायः समान होती है। परंतु जो युवा अपने आप को थका मान लेता है, वह उतना काम नहीं कर पाता जितना उसे करना चाहिए। इसलिए युवाओं को अपनी थकान से हार नहीं माननी चाहिए।

अपने तनाव से हार न मानें

काम के दबाव में थोड़ा-बहुत तनाव होना अवश्यंभावी है। यदि आपके कुछ लक्ष्य, सपने और उद्देश्य हैं और

सबकुछ उनके विपरीत हो रहा है तो आप तनाव महसूस करने लगते हैं। इस तनाव की स्थिति से निकलने के लिए आपको बस इतना करना है कि आप अपने काम पर और खुद पर विश्वास रखें। आवश्यकता हो तो थोड़ा तनाव मुक्त होने का प्रयास करें और किसी और काम में मन लगाएँ।

अपनी नकारात्मक छवि से हार न मानें

नकारात्मक छवि कभी-कभी आपकी सफलता में बाधा बनकर सामने आती है, जो आपके सपनों और उद्देश्य को प्रभावित करती है। आप काम आरंभ करने से पहले ही निराश हो जाते हैं। अपनी छवि के बारे में यह सोच स्वयं आपके द्वारा विकसित की गई है, जिसे केवल आप अनुभव करते हैं। ऐसे समय में आप खुद से कहने लगते हैं कि मैं अच्छा नहीं हूँ। मुझे सही लोगों की पहचान नहीं। इन परिस्थितियों में आपको अपनी सोच नकारात्मक से सकारात्मक में बदलने का प्रयास करना चाहिए, जिससे आप हर कार्य में निपुण हो जाएँगे।

- बस एक ही बात कहेंगे कि ऐसा कोई काम नहीं है, जो मैं नहीं कर सकता। स्वयं को पहचानिए, उस क्षेत्र को पहचानिए, जिसमें आप जाना चाहते हैं। महत्त्वाकांक्षा और पूरी लगन से उसे पूरा करने का प्रयास करें।

अपनी गलतियों से हार न मानें

आपके कार्य की कई बार आलोचना की जाती है। यह आलोचना आपको अवसर प्रदान करती है—अपनी कार्य-क्षमता में सुधार लाने का। गलतियाँ सभी से होती हैं, मगर सफलता उन्हीं को मिलती है, जो गलतियों से सीखते हैं। जीवन में आपको ऐसे बहुत से लोग मिलेंगे, जो आपकी सदैव आलोचना करेंगे। वे आलोचना करने के लिए ही बने हैं। इन सभी बातों को नजरअंदाज करते हुए अपने काम को साबित करने का प्रयास करें। अपने ऊपर गलतियाँ हावी न होने दें। आगे बढ़कर काम सीखने और उस पर नियंत्रण स्थापित करने का प्रयास करें।

अपने असफल नेतृत्व से हार न मानें

सफलता प्राप्त करने के लिए नेतृत्व का गुण आवश्यक है, जिससे किसी कार्य को करने की पहल कर सकें। साथ ही उस पर नियंत्रण रखें और उस कार्य को बीच में न छोड़ें। नेतृत्व अच्छे-बुरे की समझ देता है और विपरीत परिस्थितियों में नियंत्रण करने में सहयोग देता है, जिससे हार का मुँह न देखना पड़े। जीवन में ऐसे भी मोड़ आते हैं, जब हम परिस्थितियों और प्रयासों के बीच संतुलन स्थापित नहीं कर पाते और ऐसे में हमारा नेतृत्व कभी-कभी असफल हो जाता

है। युवाओं को याद रखना चाहिए कि कोई भी पूर्ण नहीं होता है। यदि कभी असफलता हाथ भी लगे तो समस्या को गंभीर होने से रोकने का प्रयास करें और कार्य को पूरा करने की सामर्थ्य रखें। यही वास्तविक नेतृत्व है।

भविष्यवाणी से हार न मानें

कभी-कभी हम अपने राशिफल में की गई विपरीत भविष्यवाणी को पढ़कर निराश हो जाते हैं। इन बातों पर विश्वास करने की जगह खुद पर और अपने सपनों पर यकीन करें। आप में अपना भाग्य-निर्माण करने की क्षमता है। 'गिलास में आधे भरे पानी को देखें न कि आधे खाली गिलास को।' 'मैं कर सकता हूँ' बस इसे याद रखें। आपको सफलता प्राप्त करने में कोई नहीं रोक सकता है।

वाक्युद्ध से बचें

विद्वानों का कहना है कि यदि आपके बारे में कोई गलत बात कही जाती है और उसमें अगर सत्यता हो तो सबसे पहले हमें अपने आप में सुधार करना चाहिए। यदि यह असत्य है तो इसे हँसकर टाल देना चाहिए। जब हताशा से भरे लोग आप पर बार-बार हमला करते हों तो ऐसी स्थिति में खुद पर काबू करना मुश्किल हो जाता है। एकाग्रचित्त और उत्साहित

रहना भी कठिन हो जाता है। विभिन्न तरह के लोग अपने द्वारा किये गए व्यवहार या असहयोगी शब्दों के प्रति अलग-अलग सिद्धांत अपनाते हैं। ऐसा आपके परिवार और दोस्तों के बीच भी होता है। यह सोचना अव्यावहारिक ही होगा कि आपके सपने को पूरा करने में सभी लोग आपकी सहायता करेंगे। जरूरी यह है कि आप किसी से सहयोग न मिलने की स्थिति के लिए सदा तैयार रहें। जीवन की कठिन परिस्थितियों के लिए आपको शर्मिंदा होने की जरूरत नहीं है। यदि कोई आपको नीचा दिखाने की कोशिश करता है तो इससे परेशान हुए बिना ऐसी बातों को नजरअंदाज कर दें। इन बातों पर ध्यान देने की बजाए अपने दृष्टिकोण को आगे रखने का प्रयास करें। आपको अपनी लड़ाई के हथियार चुनते समय बेहद सावधानी और बुद्धिमानी से कदम उठाने चाहिए। जो बातें आपके सपनों की पूर्ति में बाधक हैं या आपके आत्मविश्वास को कमजोर करती हों, ऐसी नकारात्मक चीजों को खोजकर अपने सामने लाएँ। ऐसा करते समय किसी गलत चीज को न पकड़ लें इस बात को ध्यान रखें।

अपने सपने को जीवंत बनाने के लिए इसके आत्मीय पहलुओं का ध्यान रखें। अपनी योग्यता तथा शक्ति को पहचानें। यदि कोई आपकी सफलता से जलता है या क्रोधित होता है तो होने दीजिए, क्योंकि यह एक स्वाभाविक मानवीय

प्रवृत्ति है। इस तरह के लोग जो करना चाहते हैं उन्हें करने दीजिए, ऐसे लोग दूसरों की गलतियाँ निकालने या गप हाँकने में समय बरबाद करने के सिवा और कुछ नहीं कर सकते।

जो लोग सफलता प्राप्त करना चाहते हैं उन्हें डरने की जरूरत नहीं है। यदि आप जरूरत के अनुसार स्थितियों को बदलना चाहते हैं तो अपने वर्तमान की परिस्थितियों में बदलाव कीजिए। सफलता पाने वाले व्यक्ति किसी चीज को करने का साहस रखते हैं, इसलिए उनके सपने वास्तव में साकार होते हैं। सफलता के साथ प्रतिद्वंद्वी पैदा होना सामान्य बात है। जैसे किसी व्यक्ति को आगे बढ़ने के लिए जरूरी हो जाता है कि किसी-न-किसी को पीछे छोड़े। कुछ लोग अपनी सफलता के प्रति हीनभावना से ग्रस्त होते हैं और अपना ज्यादा समय दूसरों की योग्यता या सफलता से अपने आपको बेहतर साबित करने में बरबाद कर देते हैं। अपने लिए की गई शिकायतों पर सदा ध्यान दें, क्योंकि यह आपको दूसरों से बेहतर बनने में सहायक होती है।

आपको अपनी उपलब्धियों या सफलताओं पर बहस करने की जरूरत नहीं है। यदि आप ऐसा करते हैं तो यह आपके आत्मविश्वास को घटाता है। अपनी सफलताओं को उचित ठहराने की बजाए अपने लक्ष्य को पाने के लिए अपने अनुभव और क्षमताओं को सही दिशा में बढ़ाएँ। हमेशा यह

याद रखें कि हमें अपनी लड़ाई खुद लड़नी होती है, इसके लिए किसी दूसरे का सहयोग काम नहीं आता। यदि कोई दूसरा व्यक्ति अपने लक्ष्य को पाने में सफल रहता है तो यह जरूरी नहीं कि उस लक्ष्य को पाने में आप भी असफल हो जाएँगे। जरूरी है कि आप लक्ष्य को पाने के लिए उससे कड़ी मेहनत करें और यह भूल जाएँ कि दूसरों को किस तरह कि समस्या का सामना करना पड़ा। किसी भी लक्ष्य को पाने में सबसे बड़ी समस्या नकारात्मक चीजें होती हैं। इसलिए इसको कभी अपने ऊपर हावी न होने दें। कुछ लोग अपमानजनक प्रश्नों द्वारा हमें नीचा दिखाने की कोशिश करते हैं। जैसे आप अपने व्यवसाय में अच्छा नहीं कर पाते या पैसा नहीं कमा पाते तो क्या करेंगे? इस तरह के लोगों से निपटने के लिए आप कुछ तरीके अपना सकते हैं। आप इनके रास्ते से खुद हट जाएँ या अपनी तीक्ष्ण बुद्धि की धार से इन्हें हटा दें। किसी भी चीज से पीछा छुड़ाने के लिए हमेशा यह कहें कि मैं इस विषय पर बात नहीं करना चाहता हूँ या यह मामला खत्म हो गया है। इस तरह की बातों के प्रति यह भी कहा जाता है कि मैं अपने आपको इस विषय में बात करने में असहज महसूस कर रहा हूँ। यदि आपका ऐसे लोगों से सामना होता है जो आपसे यह जानना चाहते हैं कि असफल होने पर आप क्या करेंगे तो उनसे आप सीधे कहें कि मैं अपना काम बहुत

अच्छी तरह से कर रहा हूँ। मुझे अपनी जिंदगी में जितना पैसा चाहिए उससे ज्यादा आराम से कमा रहा हूँ। आप उनसे कहें कि आप अभी कितना कमाते हैं या आपकी पत्नी का स्वास्थ्य कैसा है या आपके बच्चे ने पिछली परीक्षा में कितने अंक प्राप्त किए थे इत्यादि। यदि ऐसे लोग अपनी हरकतों से बाज नहीं आएँ तो उनसे सीधे कहें कि आप मुझसे इस तरह का प्रश्न कई बार कर चुके हैं। यदि आप इन बातों पर ध्यान दें तो इस तरह की परिस्थितियों से निकल सकते हैं। जब यह तरीका भी काम न करें तो आप उस जगह से कुछ बहाना बना कर निकल जाएँ।

जिंदगी समझौते का दूसरा नाम है। जो हम सोचते हैं या जो चीज पाना चाहते हैं वह हमेशा हमें नहीं मिलती। कभी-कभी लोग किसी चीज को पाने की योग्यता रखते हैं, लेकिन अपनी योग्यता को कम करके आँकते हैं। द्वेषपूर्ण प्रतियोगिता से बचने का सबसे अच्छा तरीका है, अपने आपको सर्वश्रेष्ठ साबित करना। कोई माने या न माने आपकी सफलता आपको जरूर मान्यता देगी। दूसरों द्वारा की गई प्रशंसा अथवा निंदा में पड़ने की आवश्यकता नहीं है। सफल होने के लिए आपको लोगों के प्रमाण-पत्र पाने की कोई जरूरत नहीं है। आप अपने लक्ष्य पर ध्यान रखते हुए सदा आगे बढ़ते रहें, सफलता जरूर मिलेगी।

गति मेरे जीवन की दामिनी को भी लजाती है
स्वप्न से स्मृति की दूरी, पल में तय हो जाती है!
मन आँगन में कभी-कभी अवसर ऐसा आता है
समय स्वयं ही कुछ ऐसी वर्षा लाता है
झाँककर जब मैं देखता हूँ तो
मन बगिया में एक स्वप्न पुष्प मुसकाता है
नव स्वप्न-पुष्प यह जीवन में वसंत लाएगा
यूँ लगने लगता कि पतझड़ अब तो जाएगा
अनंत काल बीत चुका हर्ष को आँखें खोले
यह स्वप्न सच हो, खुशियों को जगाएगा
इन्हीं आशाओं के बीच खो जाती निराशा काली
बड़े चाव से फिर मैं करता स्वप्न-पुष्प की रखवाली
पिछले पुष्पों की हालत का मन में ध्यान किए
विपदाओं से रक्षा हेतु मैं बन जाता इसका माली
यह स्वप्न सत्य होगा इसी विचार में
खोया खोया बँध जाता मैं इसके प्यार में
सबकुछ अर्पण कर देता इसके पोषण में
कभी जीत अपनी समझ लेता मैं अपनी हार में
किंतु यत्न सारे करने पर भी सपना रह जाता सपना
परिस्थितियों की आँधी आती बना इसे लक्ष्य अपना
दिशाएँ सारी एक हो जातीं, उद्देश्य एक ही लगने लगता

समय की आँधी रुके नहीं, जब तक नष्ट न हो सपना
आँधी बदन से चीर-चीर उड़ा ले जाती है
पल में सपन-सलोने की पँखुरियाँ बिखर जाती हैं
इक पल पहले था जहाँ पुष्प आशाओं का
अब वहाँ बस स्मृतियों की सुगंध लहराती है
गति मेरे जीवन की दामिनी को भी लजाती है
स्वप्न से स्मृति की दूरी पल में तय हो जाती है!

हमारे जीवन में लक्ष्य का निर्धारण हमारा भाग्य नहीं करता, हम खुद ही करते हैं। लेकिन उस मंजिल तक पहुँचने के लिए सकारात्मक सोच होनी चाहिए। इसके लिए दैनिक जीवन में खुशी आवश्यक है। चिंता का जीवन बिताने से हमारे स्वास्थ्य पर बुरा असर पड़ता है, मन में संदेह की भावना आ जाती है और हम अपने सपनों को साकार करने में असफल रह जाते हैं। जब हम अपने रोजमर्रा की जिंदगी खुशनुमा बनाते हैं, तो अपने सपनों और जीवन के बारे में भी हमारा नजरिया बदल जाता है। वह आशावादी होता है, कदम आगे बढ़ाने के लिए उसमें आत्मविश्वास आ जाता है।

□□□

शिष्टाचार का जीवन में अहम स्थान है। शिष्टाचार द्वारा अनजान व्यक्ति भी समाज में सम्मान पाता है, वहीं शिष्टाचार रहित व्यक्ति परिजनों द्वारा भी दुत्कारा जाता है। प्रस्तुत पुस्तक व्यक्ति को शिष्टाचार युक्त बनाने की दिशा में अग्रसर करती है।

स्मरण-शक्ति बढ़ाने के लिए सरल सा नियम है—सरलता से उस विषय का दोहराव किया जाता रहे, फिर वह विषय स्थायी रूप से हमारे स्मृति-पटल पर दर्ज हो जाता है। स्मरण-शक्ति बढ़ाने के सरल उपाय बताती पुस्तक।

सकारात्मक सोच आदमी का वह ब्रह्मास्त्र है, जो उसके मार्ग की सभी बाधाओं को समाप्त कर सफलता का मार्ग प्रशस्त कर देता है। सकारात्मक सोच विकसित करने के सरल उपाय बताती पुस्तक।

अगर आपको ज्यादा-से-ज्यादा काम सौंपा जाता है तो यकीन मानिए, आप एक जिम्मेदार व्यक्ति हैं, क्योंकि जिम्मेदारी उसी को मिलती है, जो उन्हें निभा सकता है। सफलतापूर्वक जिम्मेदारी निभाने की क्षमता पैदा करनेवाली पुस्तक।